T0303834

Miriam Subirana Vilanova

Meditación contemplativa
Presencia, gozo y silencio

Prólogo de Franz Jálics

Incluye audios de meditaciones guiadas por la autora

editorial Kairós

© 2019 by Miriam Subirana Vilanova
© 2020 by Editorial Kairós, S.A.
  Numancia 117-121, 08029 Barcelona, España
  www.editorialkairos.com

Fotocomposición: Moelmo, S.C.P. 08009 Barcelona
Diseño cubierta: Katrien Van Steen
Pintura cubierta: Miriam Subirana
Imágenes, pinturas y dibujos del libro: Miriam Subirana
Impresión y encuadernación: Romanyà-Valls. 08786 Capellades

Primera edición: Abril 2020
ISBN: 978-84-9988-755-5
Depósito legal: B 4045-2020

Todos los derechos reservados. Cualquier forma de reproducción,
distribución, comunicación pública o transformación de esta obra
solo puede ser realizada con la autorización de sus titulares,
salvo excepción prevista por la ley. Diríjase a CEDRO (Centro
Español de Derechos Reprográficos, www.cedro.org) si necesita
algún fragmento de esta obra.

Este libro ha sido impreso con papel certificado FSC, proviene de fuentes
respetuosas con la sociedad y el medio ambiente y cuenta con los
requisitos necesarios para ser considerado un «libro amigo de los bosques».

«Conoceréis la verdad, y la verdad os hará libres.»

JUAN 8, 32

«Lo único que se requiere es dejar la percepción de lo no verdadero como verdadero. Solamente tenemos que dejar dicha práctica. Entonces realizaremos el Ser como el Ser, es decir "ser el Ser".»[1]

RAMANA MAHARSHI

«Contemplar significa dirigir la atención en dirección al núcleo sano y en la percepción del presente. Del núcleo sano nos vendrá al encuentro tanta luz y tanta fuerza, que hallaremos coraje para seguir adelante.»[2]

FRANZ JÁLICS

«La meditación es el ejercicio diario y deliberado de discernir entre lo verdadero y lo falso y renunciar a lo falso.»[3]

NISARGADATTA

Sumario

Prólogo

La oración nos acerca a la pura presencia, intento estar puramente presente sin nada más. La oración no es plantear preguntas, ni crearse problemas, ni dar explicaciones. No es una imagen, no es una palabra, no es un nombre. Es una Presencia. Es la presencia de Dios. Se trata de estar sin pensar. Estar presente para vivir el silencio interior, un silencio muy presente, muy vivo, pero sin palabras y sin explicaciones. Es como la presencia de ti misma, pero que es mucho mayor. Miriam me pregunta: «¿Cómo se conecta con esta Presencia?». No es que uno conecte, sino que la Presencia conecta contigo. Te puedes preparar para que pueda llegar, fundamentalmente en el silencio. Si estás en silencio, muy presente, entonces la Presencia viene lentamente. Sería muy bueno si siempre viviéramos en la Presencia. La presencia de Dios, la pura presencia y la presencia del silencio son las que nos llevan a una paz profunda. Se vive la presencia de Dios en el silencio interior. Un silencio donde yo estoy, pero no hago nada y no pasa nada: eso acerca a Dios. Aunque siempre pasen cosas, lo que pasa en el exterior pasa fuera y uno puede dejar de pensar en ello, retirarse y entrar en el silencio. Las cosas que pasan internamente, que nos causan problemas, son más difíciles de frenar. Aun así es posible llegar al silencio interior. Entonces uno avanza. Cuando tengo problemas, situaciones del mundo, los dejo fuera de mi mente y me voy al silencio, hasta que llego a la esencia y a la percepción de Dios. Llegar al silencio interior, esto es lo primero, lo importante y, después, una conexión con la presencia de Dios. Eso: es todo.

En la meditación no hay imagen ni palabra, es pura presencia. Para llegar a esta pura presencia, para llegar al silencio, hay que empezar con pequeños silencios. Si alguien tiene mucho trabajo, debería reservar algo de tiempo para la pura presencia. Al que nunca lo hizo, le recomendaría hablar con una persona que ya medita en presencia, que le explique cómo meditar. Para meditar iniciamos en silencio. Con pocas palabras. Con mucho silencio. Es posible que cuando mediten tengan muchos pensamientos. De hecho esto no es ningún problema. Es importante aprender a estar centrados en una cosa. Podemos centrarnos en algunas palabras, las necesarias, por ejemplo de agradecimiento a Dios, de oración a Dios. Tengamos presente todo lo que agradecer a Dios, a nuestros padres, a nuestros hermanos y a la vida. Es mejor quizá empezar con un nombre. Puede ser el nombre de Dios, una sencilla oración o una afirmación, una palabra que uno le dice a Dios. Repite esta palabra y después entra en el silencio. La buena oración es en silencio. Es estar muy, muy, presente en el silencio.

Para quien no es creyente, puede iniciar la práctica en el silencio. Se dará cuenta de que al principio tiene muchos pensamientos, y lentamente viene un momento en el que no hay nada, solo la presencia. Es necesario percibir que algo hay y algo está y que tenemos que conocerlo. Si uno lo toma en serio, entonces poco a poco percibe no solo al sí mismo, sino también percibe algo de la realidad, percibe lo que es. Si se profundiza en eso, uno percibe al sí mismo y poco a poco percibe la Presencia. En este libro recibirás recomendaciones para aprender, para practicar y para acompañar y compartir con otros.

Conocerse es estar y admitir lo que es y lo que uno es. Es ser uno mismo. Es una comunicación y un acercamiento a Dios. Uno se siente más y más cerca de Dios. Dios es tan grande que no se puede describir mucho con palabras. Puedo decir que sentí su Presencia, pero mucho más no puedo decir. Esta presencia se muestra en la comunicación con las personas. Uno entra fácilmente en comunicación con las personas. Cuando las personas solo critican y tienen mala comunicación, entonces allí no hay presencia de Dios.

Para vivir la Presencia, es muy importante amar a los padres, amar a la madre y al padre. Es fundamental amarlos teniendo en cuenta que hay una comunicación muy directa entre padres e hijos. El hijo ha nacido de su propio cuerpo, la conexión es muy íntima. Cuando los padres no quieren a sus hijos, estos sufren una confusión muy grande, porque son sus hijos. Si los hijos no aman a los padres, hay un bloqueo interior que dificulta el que puedan estar en presencia plena. Miriam explica en el libro cómo atravesar estas dificultades.

Durante el día volvamos lo más posible a la Presencia. Es bueno estar siempre algo conectado. Dios mismo nos ayuda a volver a su Presencia. El deseo de estar con Dios y la conciencia de estar con Dios es importante. Mi deseo para la humanidad es que las personas se acerquen a Dios. La presencia de estar en Dios es algo universal. Si la humanidad se acerca a su Presencia, habrá más paz en todos los seres humanos, y habrá mucho bien. Tener siempre presente la presencia de Dios. Esto sería lo más importante. Hay que aprender a estar con Dios y volver siempre a la Presencia.

Franz Jálics
Budapest, septiembre de 2019

Introducción

Mientras vivimos como real lo que es falso, estamos atrapados en espejismos que nos llevan a sufrir. Creemos que lo que no es, es. Mi indagación se ha centrado y se centra en descubrir lo auténtico, lo verdadero, lo que nos hace florecer y nos da vida, y lo que da sentido al ser, al estar y al hacer en este mundo. De pequeña quería conocer a Dios y miraba al cielo y le hablaba. En mi preadolescencia recuerdo dibujar con colores la frase evangélica: «Entenderéis la verdad, y la verdad os hará libres» (Juan 8, 32).[4] Le agradezco a mi madre que me pidiera escribirla para colgarla visible donde tenía sus reuniones dominicales, en un espacio cristiano de encuentro íntimo y sanador. Es la frase que resume mi búsqueda. Mi vida ha sido y sigue siendo un recorrido vital de indagación y exploración para encontrar lo que es Real, la esencia de vida en el silencio, en la conversación, en el diálogo, en la creatividad y en el arte.

Medito desde los inicios de mi adolescencia. Meditar, orar, contemplar, hacer ejercicios contemplativos, silenciar, cultivar atención plena, el mindfulness, el heartfulness... ¿De qué se trata todo esto? Todas las tradiciones religiosas consideran fundamental la práctica del silencio, de la meditación, de la contemplación, de la oración, de dedicar unos tiempos regulares a la introspección para estar con uno mismo e indagar en el ser y en la presencia de Dios. Podemos llamarle la Presencia, la presencia del Ser, de lo Real. Nisargadatta se refiere a Eso. En la práctica del yoga también es fundamental meditar. De hecho, en sánscrito yoga significa unión, y la vía hacia la experiencia de la unión es la meditación contemplativa.

Aprendí a meditar en escuelas que seguían corrientes orientales, y cuando posteriormente conocí la vía de la contemplación cristiana, me di cuenta de que hay mucha similitud con la práctica de la meditación oriental. Meditar en el cristianismo ha significado tradicionalmente reflexionar sobre un texto. En Oriente, meditar es salir del discurso mental, abrirse y ser receptivo a la Presencia. En este libro utilizo los términos meditación y contemplación indistintamente. Entiendo la meditación no como una reflexión sino como contemplación. Para mí, la meditación es una vivencia en la que me dirijo a un Tú trascendente. La meditación es relacional.

Podemos encontrar infinidad de definiciones sobre qué es meditar, muchas corrientes de meditación y muchos métodos que la enseñan. En la tradición cristiana, *meditatio* era la consideración de un texto, el reflexionar sobre él, meditar sobre su contenido. En la década de los 1960, con la influencia de la religión y la espiritualidad oriental en Occidente, la palabra meditación adquiere una dimensión más contemplativa. Desde hace unos años también se ha introducido la palabra mindfulness en el repertorio de las corrientes meditativas. Hay muchas maneras de practicar la meditación, desde la visualización, utilizando imágenes, hasta los mantras, utilizando palabras. Puedes centrarte en algo interno o en algo externo. O bien puedes centrarte en la respiración y dejar que los pensamientos aparezcan y desaparezcan sin hacer nada más. Centrarte en percibir y en el silencio. Entregarte a Dios. También se recomiendan diferentes posturas, en las que la posición de las manos es importante.

En los cuarenta y cuatro años que llevo meditando, desde 1976, experimentando e indagando, he transitado por muchas prácticas meditativas, contemplativas, de oración, de invocación y de silencio, y de diferentes tradiciones cristianas, budistas, yóguicas, hindúes y *advaita* (la adualidad, es decir la no-dualidad. La práctica *vedanta advaita* promueve la existencia de un ser unido a la totalidad de seres existentes, hasta tal punto que no puede hablarse de relación entre los distintos seres, sino de unidad total. Es la unión entre el sujeto que percibe y lo percibido). He practicado y compartido con grandes maestros, como Thich Nhat Hanh (en Plum Village, en Francia) o Franz Jálics (en Haus Gries y en otros lugares en Alemania y en Hungría). He estado en diferentes comunidades como en Ananda Village (en California, seguidores de Paramahansa Yogananda), en Brahma Kumaris (en la India y en otros países), en Kundalini Ashrams (en California), entre otros, y he leído a muchos grandes maestros que no he conocido porque ya murieron, como a Paramahansa Yogananda, a Sri Ramana Maharshi, a Sri Nisargadatta Maharaj, a John Main y a santa Teresa de Jesús, entre otros muchos.

En este libro comparto contigo unos pasos para adentrarte en la realización del Ser a través de la meditación siguiendo principalmente la guía de Franz Jálics y de Ramana Maharshi. Durante muchos años, Jálics viajó a la India en invierno y pasó varias semanas en Tiruvanamalai, donde está el *ashram* (un lugar de convivencia y enseñanza espiritual) de Ramana Maharshi. Tuvo la sabiduría de trasladar las vivencias con Ramana a la práctica cristiana. Para mí ha sido clave el conocer y vivir esta conexión.

Elijo compartir a partir de estos dos maestros, porque uno expresa lo que son mis raíces cristianas, y el otro, la adualidad, el *advaita*, y ambos me acercan a lo que es real, al Ser. El unir la vivencia *advaita*, no dual, con la vivencia cristiana me asombra, me abre y me hace sentir en casa. Quiero compartir este camino, porque creo que la mayoría de los lectores tendréis raíces cristianas o viviréis en países en los que el cristianismo está muy difundido, como me ocurre a mí. Franz Jálics guía los ejercicios contemplativos a través de diez etapas, que se traducen en diez días en los retiros que ha facilitado durante años. Este libro está basado en ese recorrido que propone.

Conocí a Franz Jálics en Marienrode, en la ciudad de Hildesheim. Me recibió y tuve con él varios encuentros en 2015. Compartí con él palabras y silencios, paseos y almuerzos. Me bendijo cuando me confirmó que yo puedo dar los ejercicios de contemplación de diez días. Además fue muy específico, y me dio consejos prácticos, como que busque un lugar, de momento que lo alquile y que así ya tendré grupo y no necesitaré ir a formar parte de alguna otra comunidad en concreto. También me aclaró que si ahora escribiera de nuevo el libro de *Ejercicios de contemplación*, sería más claro en algunos aspectos de cómo y en qué meditar. Estaría mucho más cerca de la no-dualidad y de la vivencia del silencio. Todas las pautas que me dio verbalmente las he querido compartir contigo en este libro para que su legado continúe. Me bendijo, me abrió, me apoyó y me abrazó. Al despedirse en esa ocasión nos miramos a los ojos mucho rato. Me apretó mucho las manos. Me dijo que aunque esté lejos está cerca. «Te llevo en mi corazón», afirmó. Puso sus manos sobre mi cabeza. Luego me dio un fuerte abrazo, pecho a pecho, corazón a corazón.

En 2016 volví a compartir varios encuentros con él, esta vez en Haus Gries. El impacto de estos encuentros con Jálics es multidimensional. Releo los diarios que escribí después de verle. En septiembre de 2015 escribí: «Me siento bendecida, amada, protegida, libre, luminosa. Siento que pertenezco a Dios. Me abro a una esfera de luz y ahí estás, mi Dios, mi Amado. Siento mi ser limpio y cristalino. Me doy cuenta de que las contaminaciones de otros me son ajenas, son ruidos que no me pertenecen. Mi ser está en flor y el alma limpia agradece, el corazón sonríe. La calma impera en la mente, y la quietud en el cuerpo. Soy tuya, eres mío. Solo eso importa». A inicios de 2016 y, sabiendo que tenía un tumor en el vientre, escribí después de mis conversaciones con él: «Salen rayos de luz y alegría de la matriz, como fuegos artificiales. Esto es vida. Es una gran oportunidad para renacer en Ti mi Dios, mi Amor, mi Señor. Comunión, el cuerpo de Cristo en mí, yo en él. Liberación, libertad, dicha inmensa. Esto que me pasa es un pellizco en la inmensidad del universo, algo infinitesimal. Soy luz, estoy en la luz, todo es para bien. Dios está en mí, danzo en Ti. La sonrisa inmensa. La gran sonrisa: el gozo». Esos días anoté la esencia de algún salmo en mi diario (Salmos 23 y 27):

> El señor es mi luz, es baluarte de mi vida.
>
> Mi corazón no teme, indícame, Señor, tu camino.
>
> Nada temo: Tú vas conmigo.
>
> El Señor es mi pastor.

En diciembre de 2016, mi madre y yo vamos a la India, al *ashram* de Ramana Maharshi, en Tiruvanamalai. Sabemos que Franz Jálics está por allí en las mismas fechas, y vamos con la ilusión de reencontrarnos con él. Ramana ha sido y es uno de los maestros de Jálics, en quien se inspiró para los ejercicios de contemplación. Jálics ha estado yendo a Tiruvanamalai durante muchos años de diciembre a febrero. La experiencia en el *ashram* es de un silencio absoluto, de una presencia silenciosa que todo lo abarca.

Después de mis encuentros con Franz Jálics en 2015 y 2016, di un giro en los retiros de meditación que dirijo. Incorporé con mayor énfasis la mirada contemplativa, siguiendo los pasos de Jálics tanto en los contenidos como en el fluir del programa de los retiros. En 2019 viajé dos veces para compartir con Jálics ocho encuentros en los que percibí como está en comunión y en Presencia. En las conversaciones con él, me quedó claro que su ser vive en la luz y en la Presencia de Dios. A lo largo de este libro reproduzco muchas de las palabras que compartió conmigo. El prólogo de este libro surgió de esos encuentros, en los que revisé con él, capítulo por capítulo, el libro que ahora tienes en tus manos.

También a lo largo del libro comparto mi experiencia y la de otras personas a quienes he acompañado. Cito a varios autores que ofrecen miradas diferentes sobre un mismo tema, utilizan distintos lenguajes y nos ayudan a ampliar nuestra comprensión sobre el tema que se esté tratando. Cito a contempladores cristianos, como Franz Jálics y John Main, junto a meditadores de la India, como Ramana Maharshi y Nisargadatta, precisamente porque las fronteras entre las prácticas meditativas de Oriente y las de Occidente se están disolviendo, y estamos llegando a una unificación que nos lleva a vivir la Presencia independiente del entorno histórico-cultural-religioso de donde proviene o pertenece el practicante.

Cuando se trata de explicar qué es meditar, hay diferentes enfoques. Veamos cómo lo expresan algunos maestros:

Para Nisargadatta, «La meditación es un intento deliberado de penetrar en los estados más elevados de consciencia y finalmente ir más allá de ellos. El arte de la meditación es el arte de trasladar el foco de la atención a niveles cada vez más sutiles sin perder nuestro control sobre los niveles que han quedado atrás».[5]

Para el benedictino John Main, «El principal objetivo de la meditación cristiana no es otro que permitir que la misteriosa y silenciosa presencia de Dios en nosotros sea cada vez más no solo una realidad, sino la realidad de nuestra vida».[6]

Para Franz Jálics, «El camino sencillo, caracterizado por el contacto directo con Dios, se llama contemplación».[7]

Para Ramana Maharshi, meditar nos lleva a la realización del Ser. Para él, Ser es en mayúsculas porque es lo que somos, lo que es Dios, lo real que todo lo abarca. «La meditación es mantenerse como el Ser, atento sobre la naturaleza real de uno mismo y sin la sensación de que uno está meditando.»[8] «La realización del Ser no se puede obtener como algo nuevo. Siempre está allí. Lo único necesario es descartar la idea "no he realizado". Al comprender el Ser hay quietud y paz. No hay un solo momento en el cual no exista el Ser. Mientras haya dudas o la sensación de que no he alcanzado el Ser, se deberán llevar a cabo esfuerzos para deshacerse de dichos pensamientos. Estos mismos se deben a la identificación del ser con el no-ser.»[9] Referente a los diferentes métodos, Ramana afirma: «En cualquier método que se adopte, la meta final es la realización de la fuente del "yo soy", que es el dato esencial de nuestra experiencia».[10] Él expone dos caminos para llegar al Ser Real. Uno es indagar en el yo hasta que desaparece el yo falso y queda el Ser. Otro es la entrega a Dios hasta que desaparece el yo falso y queda el Ser. Profundizo en ello en el capítulo 19, «La realidad del Ser».

En relación con Dios, hay muchos espejismos. Durante años me centré en Dios como un punto de luz, a quien en Brahma Kumaris denominábamos Baba, el padre. Llegó un tiempo de crisis interna, de replanteamientos y de darme cuenta de que centrarse en la imagen que uno tiene de Dios no es lo mismo que centrarse en Dios. Se me cayó la imagen. Dejó de tener el valor de Dios. Viví la experiencia de Dios sin la imagen. Desapareció el espejismo y, por un lado, fue una liberación, la alegría de ver y el gozo de vislumbrar el Ser, y por otro lado el darme cuenta de que había creído que el espejismo era la realidad me provocó tristeza. La tristeza de darse cuenta de que lo que creíste que es en realidad no es. Atravesé ese período sostenida por una Presencia invisible, a quien llamo Dios, y por la presencia de amigos y de mis padres. Me ayudó mucho la práctica de la indagación apreciativa, en la que uno se centra en lo que funciona, en lo mejor de lo que es, en lo que le da vida. En este libro introduzco varias prácticas de indagación apreciativa que ofrecen claridad para centrarte en lo que quieres y no en lo que no quieres, para vivir desde la abundancia de lo que es y no desde la carencia, desde lo que falta y lo que no hay.

Entiendo la meditación contemplativa como la práctica que combina el meditar y el contemplar partiendo de la percepción. Es la práctica con raíces cristianas y con fundamentos orientales. Esto no es nuevo. Abhishiktananda (Dom Henri le

Saux, O.S.B) (1910-1973) fue un monje benedictino francés que vivió y trabajó en la India. Profundamente cristiano, entró en la vivencia mística hindú y *advaita*. Fue pionero de la oración mística, del misticismo interespiritual. Abhishiktananda conoció a Ramana Maharshi y posteriormente explicó el impacto de ese encuentro: «Una llamada que lo atravesó todo, lo partió en pedazos y abrió un poderoso abismo. Aunque estas experiencias eran nuevas, su dominio sobre mí ya era demasiado fuerte para que alguna vez pudiera rechazarlas».[11]

Este libro es una invitación a conocerse uno mismo, disolviendo espejismos y sombras para llegar al Ser real. «Conócete a ti mismo» es la conocida frase inscrita en el pronaos, en el frontispicio, del templo de Apolo en Delfos, de la antigua Grecia. El aforismo ha sido atribuido a varios sabios griegos antiguos, entre los que se incluyen Heráclito, Tales de Mileto, Sócrates y Pitágoras.

Conocerte a ti mismo no tiene nada que ver con las creencias ni las ideas que flotan en tu mente sobre quién eres. Es estar enraizado en el ser sin estar perdido en la mente ni en el cuerpo, ni en roles o etiquetas. Implica un proceso de des-identificación con todo eso para reencontrar tu esencia. Se requiere de atención hacia el sí mismo para llegar al autoconocimiento, ya que a menudo ocurre que «No prestas atención a ti mismo. Tu mente está con cosas, personas e ideas, nunca contigo mismo. Céntrate en ti mismo –aconseja Nisargadatta–, sé consciente de tu propia existencia. Ve cómo funcionas, vigila los motivos y los resultados de tus actos. Estudia la prisión que has construido a tu alrededor sin darte cuenta. Sabiendo lo que no eres, llegarás a conocerte a ti mismo».[12]

Para conocerse uno, debe indagar y bucear en el conocimiento, en la experiencia y en el silencio que le permitan ver, percibir y conocer todos los rincones de su ser: esencial-espiritual, mental, emocional y corporal. Este «buceo» interior te permite llevar el amor a tu discernimiento, para que tus decisiones surjan de un espacio de sinceridad y benevolencia y no de crítica, cinismo o juicios destructivos que separan, te separan y provocan rechazo. Para conocerte también es necesario bucear en el silencio, sentir la Presencia y quitarse capas de identidades que no son reales. En las próximas páginas te acompaño para que puedas recorrer este camino hacia ti mismo en Presencia.

Para conocerse uno mismo, es necesario darse espacios en los que uno no tenga nada planificado, para estar disponible a lo que emerja de dentro y de fuera, para estar en presencia y en silencio. Verse en su interior exige un esfuerzo de introspección.

Puedes preguntarte: ¿qué ocurriría en mi vida si me reservo algunas zonas libres de obligaciones, que permitan un vacío en el cual pueda escucharme y pueda aflorar lo que quiere nacer en mí? ¿Qué sucede conmigo cuando no rechazo el silencio, la soledad y la pasividad como algo inapropiado, sino que permito un espacio para estar en mí? ¿Qué se generará en mí si me guardo algunos espacios en blanco en la agenda, para estar disponible? Disponible para mí, para Dios y para lo que quiera manifestarse en mi vida.

Permitiéndonos espacios vacíos de actividad despertamos de la hipnosis social, que nos ha hecho confundir el tejido de nuestras obligaciones con la vida en sí misma, afirmó Alan Watts.

Disponte a indagar en ti. A estar presente, a silenciar y a descubrir la belleza que yace en ti y que eres tú. Este libro es una guía que combina las bases de la práctica, el conocimiento que la sustenta y los ejercicios en los que te acompaño con audios. En el siguiente apartado te explico el recorrido que propongo para avanzar en la meditación.

Al final de cada capítulo encontrarás una o varias prácticas creativas o meditativas, y en el apéndice 2 están transcritos todos los audios y prácticas para que puedas seguirlas.

Recorrido

Luz en el camino

En este apartado te explico brevemente el recorrido que propongo siguiendo la secuencia de los capítulos del libro. Es el recorrido en el que avanzas con la práctica de la meditación. Son diferentes etapas que atraviesas para llegar a estados más profundos, de mayor apertura, conciencia y realización del Ser.

Te invito a recorrer un camino que se inicia conectando con tu **llamada interior** (capítulo 1); con ser consciente de la disposición con la que empiezas la práctica de la meditación. Para acompañarte en ese conectar, te planteo algunas preguntas de indagación apreciativa (práctica creativa, pág. 42).

Entras en la meditación dando un paso, adentrándote en el no saber qué te vas a encontrar. En este capítulo 2 también encontrarás pautas para la postura y actitud para la práctica.

Una vez que hemos entrado, nos centramos en abrirnos a **percibir** (capítulo 3). Agudizar la percepción nos trae al presente y facilita estar en presencia.

Al practicar, nos damos cuenta de que los pensamientos nos distraen, por ese motivo es importante convertir **nuestra mente en nuestra amiga** (capítulo 4).

Dado que la mente nos saca del espacio meditativo, necesitamos una **entrega confiada, con el compromiso y la de-**

terminación que nos mantienen en la percepción, y así entramos y permanecemos en el espacio meditativo. Te lo explico en el capítulo 5.

El siguiente escollo con el que nos encontramos es nuestra necesidad de ser eficaces y de obtener resultados inmediatos, por ese motivo es importante leer el capítulo 6, **«Liberarse de la presión de ser eficaces»**.

Hasta aquí hemos conectado con nuestra intención, hemos entrado en el espacio meditativo, percibiendo lo que es y lo que hay. Nos hemos dado cuenta de que la mente nos lleva por otro lado y necesitamos, para estar presentes, una entrega confiada, sin presión por lograr resultados concretos. Ahora damos un paso más en el capítulo 7. Un paso que nos invita a adentrarnos en **el desierto** para caminar con nosotros mismos, para despertar y ampliar nuestra conciencia.

En la experiencia del desierto, aparecen otros escollos. Debemos aprender a **aceptar que lo que es, es**. Se trata de aceptar cómo ocurren las cosas y que lo que es y todo lo que está presente puede estar presente. Te lo explico en el capítulo 8. Debemos aprender a soltar la tendencia a querer tenerlo todo controlado.

La aceptación nos abre para acceder a nuestro potencial. La apertura se da también al **apreciar, agradecer, asombrarse y admirar**. Como leerás en el capítulo 9, el agradecimiento abre nuestro ser y nuestro corazón. Cuando agradecemos, estamos abiertos, y acogemos lo que es. Apreciar nos permite reconocer al otro.

En la apertura, nos damos cuenta de que no estamos solos. Todas nuestras relaciones, buenas y malas, beneficiosas y dañinas, nos acompañan de alguna manera. Nos damos cuenta de que sería bueno hacer las paces con todo y con todos, ya que somos **seres relacionales**. Aunque estemos en silencio y en soledad, con nosotros mismos, al meditar nos volvemos conscientes de todo nuestro mundo relacional, y de cómo nos influye. En el capítulo 10 veremos cómo nuestro ser relacional se manifiesta en la meditación.

En nuestro recorrido y con la práctica de la meditación, llegamos a ser más conscientes de **la referencia del yo** y de cómo esta nos lleva a un autocentramiento, a vivir en la dualidad, sintiéndonos separados y desde un egocentrismo que nos limita y nos aleja del Ser real. Vivir desde el yo separado nos mantiene en la rueda del placer y del sufrimiento, de la atracción y del rechazo. En el capítulo 11 veremos cómo atravesarlo y salir de la rueda del autocentramiento.

Seguimos avanzando y pasamos **del yo al Tú**. El cambio fundamental en la meditación y en la vida; es pasar de la referencia del yo a la referencia del tú, de vivir centrado en el yo a vivir consciente del Tú. El cambio sustancial y primordial es entender y vivir la oración contemplativa como entrega y no como querer egocéntrico. Es colocar al Tú, a la conciencia universal, en el centro de toda búsqueda. Es darte cuenta de que eres relacional, y colocar el ser relacional, el yo-Tú, en el centro. En este capítulo 12 veremos diferentes dimensiones que se abren al pasar del yo al Tú, como son la confianza y la compasión. Cuando en la contemplación estás en pura presencia, aflora en ti una profunda **compasión**. Es un amor que te inunda. En la compasión has aceptado, perdonado, y abrazas y acoges lo que es. La compasión surge de un amor profundo y de aceptar al otro.

Para salir de la referencia del yo y pasar a la referencia del tú, del ser relacional, es importante transformar el miedo en **confianza**. El miedo te aísla, te separa y te debilita al provocar en ti una inseguridad que puede llegar a paralizarte, a no tomar decisiones, a no actuar y a no avanzar. Es importante confiar en las fuentes vitales propias y no estar tan pendiente de la opinión de los demás acerca de ti. Desarrollas confianza cuando te conoces más y mejor.

En este recorrido llegamos ahora al capítulo 13: «**la ofrenda**». Al meditar, nos disponemos a dedicar un tiempo para ello. Es un tiempo que nos ofrecemos y en el que podemos ofrecernos a Dios, al Tú eterno. Al disponernos a orar nos aseguramos de ofrendar nuestro tiempo meditativo conscientes de la necesidad de salir de la referencia del yo. Personalmente, al sentarme a meditar primero ofrezco ese tiempo a Dios. Medito y estoy aquí para Ti, por Ti. Para el Tú eterno, para Dios, para el Universo, para el Todo, para Eso que me trasciende. En esa ofrenda, Dios deviene éxtasis de amor. Entregándose a Él, uno vuelve a sí mismo.

Hasta aquí hemos avanzado del yo al Tú, percibiendo, entregándonos, liberándonos de la presión por ser eficaces, atravesando desiertos, aceptando lo que es, apreciando, agradeciendo y ofreciéndonos en confianza plena. Ahora llegamos a ser conscientes de cómo es nuestra **relación con el mundo** y de que nos tenemos que **vaciar** para seguir avanzando. En el capítulo 14 te explico cómo nuestra relación con el mundo tiene una influencia directa en nuestro ser y estar en la meditación. El no establecer una relación positiva con el mundo incide en que uno no pueda despertar todo su potencial vital para afrontar, ser proactivo y, en definitiva, para vivir en el mundo desde la conciencia de abundancia que te permite solucionar, encontrar vías para avanzar y para comunicarte. Veremos la necesidad de la ecuanimidad y de no aferrarse. Al desprenderse de todo apego a lo que no es sustancial, puede manifestarse lo que sí lo es. La vivencia del vacío te llevará a perspectivas nuevas mediante el soltar y el dejar ir. Es la práctica del dejar ir para dejar llegar.

En las siguientes etapas nos encontramos con los estratos oscuros que esconden nuestro núcleo sano y vital. Llegamos aquí a la necesidad de ser conscientes, de darnos cuenta, de ver y de atravesar capas de oscuridad, negatividad, traumas, tristezas y rencores que albergamos en rincones profundos de nuestro ser. Es momento de abrirnos a aceptar las sombras para liberarlas. Descubrimos que hay un **núcleo sano tras los estratos oscuros** (capítulo 15) y que para llegar a él debemos aceptar nuestras sombras y atravesarlas. No podemos esquivarnos eternamente.

Conectamos con la necesidad de vaciarnos internamente de los estratos oscuros, y lo explico en el capítulo 16, «**Ábrete,**

abraza y libérate». En esta etapa, una vez que hemos entendido que nuestro núcleo sano está recubierto de capas oscuras, de sombras y de alguna coraza, nos disponemos a vivir un vacío más profundo. Un vacío desde dentro. Un vacío que a menudo se consigue solo después de padecer dolor y sufrimiento. En otras ocasiones se atraviesa el sufrimiento y el vacío con la experiencia de la gracia divina y del gozo. Este vacío puede ser como una travesía, en la que uno va desprendiéndose paso a paso y va desapegándose de lo irreal.

La aparición en la superficie de nuestros estratos oscuros puede distraernos, por esto en el siguiente capítulo 17 utilizo la metáfora de Jesús: **«Céntrate en la vid en vez de en las uvas».** En los Evangelios hay una conversación en la que Jesús utiliza la metáfora de la vid y los sarmientos. Céntrate en lo que te da vida, esto te ayuda a atravesar las sombras y las corazas.

En el capítulo 18 expongo otro factor importantísimo que nos ayudará en esta travesía, y es que **el perdón libera.** Se trata de lograr **la reconciliación con nuestros padres y perdonar una y otra vez** hasta liberarnos profundamente de cualquier rencor que haga sombra al núcleo sano. Permitir que la fuente de vida fluya en nosotros y a través de nosotros nos da la valentía y la fuerza vital necesaria para atravesar el estrato oscuro que recubre el núcleo sano. A medida que avanzamos en la práctica y la vivencia contemplativa, aparecen heridas más profundas y vivencias más antiguas. Las más difíciles de digerir y redimir son las que provocaron la relación con nuestros padres. Son las más profundas porque tienen lugar en nuestra infancia. A veces nos resistimos a vivir un retorno a nosotros mismos, dado que la mayoría de las personas tenemos miedo de interiorizarnos, de mirarnos hacia dentro, porque tememos enfrentarnos al dolor que albergamos en nuestro interior. Huimos de él, lo enterramos y buscamos distracciones fuera para evitar que aflore.

Estas últimas etapas incluyen atravesar los estratos oscuros para llegar al núcleo sano, mediante el reconocimiento, la aceptación, el perdón, la reconciliación, entre otras pautas que encontrarás en esos capítulos 15-18.

Llegamos a estas alturas del recorrido al capítulo 19, **«La realidad del Ser»**. Ojalá que con la lectura del libro y la práctica llegues pronto a esa realidad. Posiblemente necesites una semana como mínimo para cada una de las etapas. Con lo cual pasarán unos meses hasta llegar a esta etapa. Mi experiencia es que al meditar me doy cuenta de que salen otras capas oscuras, miedos recónditos, y que el proceso de vaciarme para llegar al Ser sigue después de años de práctica.

La unión y el gozo los vivo a menudo en mi vida y en mis meditaciones. En esta etapa (capítulo 20), nos centramos en la práctica que nos lleva a la quietud completa. Se supera la dualidad, el pensamiento discursivo, las sombras, las imágenes y los conceptos. La purificación del estrato oscuro, la limpieza interna y el haber perdonado, el haber soltado y el seguir dejando ir etiquetas e historias pasadas nos ayuda a acceder a una quietud cada vez más completa. Es una quietud de la que brotan y rebosan el amor y el gozo. Es un **llegar a casa**. En esta etapa, al meditar sientes que has llegado a casa. Llegar a casa es vivir en tu naturaleza esencial. Es ser tú.

Finalmente, la última etapa (capítulo 21) es para vivirla a diario, no para esperar al final del proceso; se trata de saber combinar la **interacción entre la quietud y la actividad**. En este último capítulo te propongo **prácticas para el día a día**. Sugiero que lo leas y hagas un plan para introducir las prácticas en tu vida.

Mis mejores deseos para que el silencio inunde tu ser llevándote a una comunicación más saludable, a unas relaciones plenas y a una vida llena de sentido. Para que tu ser, estar y hacer en el mundo incidan en crear una realidad más armoniosa en ti y a tu alrededor.

El mundo nos necesita brillando desde nuestra autenticidad, inspirando así a otros a deshacerse de sus estratos oscuros, a conectar con su núcleo sano y a atreverse a ser sinceros y vivir desde la transparencia de Ser.

1. La llamada interior

Esperanza

«Durante la meditación no huimos de nosotros mismos, sino que nos encontramos. No nos rechazamos, sino que afirmamos nuestro ser.»[13]

JOHN MAIN

La disposición con la que uno inicia y entra en el camino del silenciamiento marca la diferencia. Puedes hacerlo por recomendación médica, porque estás muy estresado, te duele la cabeza y tienes palpitaciones; porque te has dedicado años a un trabajo que ahora ya no te aporta sentido y estás cansado; porque te duele la espalda y tienes contracturas; por agotamiento social: muchas palabras, imágenes, mensajes y comunicaciones en redes sociales que te han llenado de ruido, pero te han dejado agotado, y quieres alejarte de todo ello; quizá porque las personas te abruman o quieres huir de la sociedad materialista y consumista, o bien porque te apetece calmarte y aprender a vivir más tranquilo.

Si alguna de estas es tu intención, iniciarás la práctica con buena voluntad, pero te costará mantener la disciplina diaria de meditación. Más bien te será fácil abandonar la práctica y regresar a la rutina diaria que te absorbe. Una cosa es querer alejarse de lo que a uno no le conviene o de lo que le agota, y otra diferente es querer acercarse al silencio por atracción, por misión o por una llamada interna. El mindfulness se ha puesto de moda, pero el silencio no. El silenciamiento de tu ser, tal que te permita percibir a Dios y vivir conectado desde el todo con el Todo, en Unidad, requiere de una disposición profunda. Quizá se trata de sentir una llamada que inunde tu ser y no te deje en paz hasta que la escuches y la sigas. Una llamada que puede llegar en la juventud o ya en la madurez, cuando has dado muchos tumbos y recorrido diversos caminos.

Pero ¿qué es la llamada del silencio? ¿De qué trata? ¿Será un atravesar «las moradas» de santa Teresa de Ávila? ¿O vivir el «Yo Soy Eso» de Nisargadatta? ¿Quizá es solo una cuestión de «Ser lo que Eres», según Ramana Maharshi? ¿O se trata de anhelar la experiencia de uno mismo y el encuentro con Dios, según Jálics? ¿Es tal vez una llamada a sentir a Dios? Tal como dice Willigis Jäger[14]: «Dios no quiere ser adorado, quiere ser vivido». Quizá has leído mucho y estás cansado de palabras. Quieres experimentar y vivir lo leído para que te ayude en tu cotidianidad.

En este libro exploro estas y otras preguntas y te invito a recorrer los caminos que puedan llevarte al silenciamiento que permita que aflore tu verdadero ser, lo que Jálics denomina tu núcleo sano y Ramana el Ser Real. A lo largo de estas páginas comparto contigo mi experiencia, y la de otros a quienes he acompañado o quienes me han acompañado. Me enfrento a la contradicción de usar las palabras para ir más allá de ellas.

Quiero clarificar que meditar no es ser pasivo ante las necesidades del otro y del mundo. Se trata de que la actitud contemplativa impregne toda la vida, no restringirla solo a períodos de quietud. Una persona que vive con actitud meditativa sigue siendo activa y es más efectiva que una no contemplativa, porque lleva las mismas actividades y responsabilidades, pero con más atención, centramiento, sosiego y fluidez. Le cansan menos. Aprende a que la acción le revitalice en vez de que le agote. Es como un auto que recarga la batería cuando está en marcha. Mantiene la claridad mental y la concentración en la acción.

Para personas como yo que llevamos una vida activa, recomiendo dedicar a diario un cierto tiempo a meditar y realizar un retiro al año en el cual recogerse y revitalizarse. Mi experiencia es que llega un momento en que has atravesado diferentes etapas y el silencio es magnético. Es un imán que te atrae y no quieres separarte de él. Te llena de gozo, te ilumina, y todo tu ser se abre al amor. Es un silencio dulce. Te das cuenta de que eres porque otro es. Y ese otro puede ser Dios. O, quizá, es Eso que inunda de sabiduría tu conciencia y aquieta el mono interior que, de otra forma, no para de saltar de un lado a otro con pensamientos de todo tipo que te vuelven inquieto e intranquilo. El que llegue el momento de silenciamiento depende de muchos factores, y puede darse aquí y ahora, sin previo aviso, como un acto de gracia. O puede darse después de mucho esfuerzo y práctica. Depende. Lo que sí es necesario es que en ese momento uno se abra a recibir lo que llega y a dejar ir lo que se va. Ambas son necesarias: la apertura y el soltar.

PRÁCTICA CREATIVA
Diario apreciativo: la llamada interior

Para conocerse uno mismo, es necesario darse espacios en los que no se tenga nada planificado, para estar disponible a lo que emerja de dentro y de fuera, para estar en presencia y en silencio. Verse en su interior exige un esfuerzo de introspección. Propongo que durante el día te observes. Obsérvate: ¿qué te pasa?, ¿cómo te sientes?, ¿quién gobierna tu mente? Mírate a ti mismo sin culpar a otros. Detente por unos instantes y cierra los ojos. Observa este momento. Y poco a poco pasa de observar a percibir. Percibe lo que sientes. Puedes escribirlo. No te esquives eternamente.

Sugiero que hagas un diario y respondas a estas preguntas. La intención es clarificar y conectar con tu llamada interior. Quizá necesites prepararte un rato en silencio para conectar contigo y así responder desde lo profundo y no desde la mente.

✧ ¿Qué te nutre? ¿Cuáles son tus fuentes de energía?
✧ Si sobrevolaras tu vida y la vieras desde una perspectiva más amplia, ¿qué estás intentando hacer?
✧ ¿Cuál es tu anhelo?
✧ Si todo fuera ideal en tu vida, ¿qué estaría sucediendo?

✧ ¿Qué te mueve?

✧ ¿Cuál es tu llamada interior?

✧ ¿Cuál es mayor, tu deseo de conocer y saber acerca de la contemplación (interés intelectual) o tu deseo de recorrer el camino (interés espiritual)?

2. Entrar y meditar

Espacio sagrado interior

«El camino hacia Dios se abre por medio de la percepción y no por el pensamiento discursivo. Dios está presente, pero no lo percibimos.»[15]

FRANZ JÁLICS

Utilizo el verbo entrar en el espacio meditativo, como una metáfora que te lleve a entrar en ti. Entrar en la sala de meditación sacándose antes los zapatos. Entrar en el templo y hacer una reverencia antes de sentarse. Entrar en un espacio en el que tu intención es silenciar, contemplar, meditar, orar. En vez de entrar, podría decirse: dar el primer paso. Al dar un paso te alejas de algún lugar que se queda atrás y te acercas a otro que tienes en frente. Elijo la palabra entrar por todo lo que significa. Cuando vas a entrar y meditar, es bueno ser consciente de cuál es la intención y la disposición para hacerlo. ¿Con qué intención entras en el espacio meditativo? ¿A quién quieres dedicar tu tiempo en la meditación? Quizá estuviste muchas horas activo dedicándote a proyectos, personas y trabajos. Ahora cuando vas a entrar en un espacio meditativo, ¿a quién y a qué quieres dedicar ese tiempo? Jálics recomienda entregar tu tiempo a Dios y estar disponible para que poco a poco su Presencia sea en ti. En esa entrega te desprendes de la expectativa de obtener un retorno inmediato, de que haya un rendimiento y una efectividad específica. Se trata de entregar tu tiempo meditativo para retornar a ti mismo, y vivir en el Ser, en Presencia.

Para entrar en el silencio, se necesita relajar la actividad mental, acallar la cháchara de tu mente. No por represión, sino dejando de atenderla de manera que los pensamientos van aminorando su intensidad y su velocidad, hasta que dejan de aparecer en la pantalla de tu mente. Entrar es iniciar un retorno a ti mismo. ¿Por dónde empiezas? Todas las tradiciones meditativas recomiendan comenzar por prestar atención a la respiración. ¿Desde que despertaste hoy cuántas veces has sido consciente de que estabas respirando? Seguramente pocas o ninguna. Cuando eres consciente de que respiras, y percibes el aire que entra y sale de tu cuerpo, percibes el movimiento del diafragma con la inspiración y la espiración, te vuelves presente. Estás aquí contigo, con tu cuerpo. Tu mente deja de distraerte, aunque los pensamientos vayan y vengan. Se trata de percibir y centrarse en la respiración.

La postura y otros consejos para la práctica

El cuerpo nos da una gran lección: cuando nos colocamos en una postura, una *asana*, en la práctica del *hatha yoga*, debemos permitir que el cuerpo se relaje, así se estira y la musculatura colabora extendiéndose y entrando en la postura deseada. Si estamos ansiosos y forzamos, el cuerpo se resiste. En cambio, relajando, el cuerpo se abre de manera natural desde dentro y permite que nos soltemos en un estiramiento completo. Con menos esfuerzo logramos más. Una forma de relajar el cuerpo y hacerle sentir confianza es prestarle atención.

La postura corporal correcta es de gran ayuda para lograr tranquilidad y estar bien despierto. Es una postura sentada o arrodillada con la espalda recta, el tronco derecho, el pecho abierto, de manera que la cabeza esté bien sostenida, lo cual no provocará tensiones musculares. Es bueno prestar atención, pero no es necesario obsesionarse con la postura, ya que eso nos distrae de lo esencial. Así empezamos la práctica con el cuerpo suelto y relajado. La atención se centra en la percepción.

Es importante que, si nuestra salud lo permite, meditemos en posición sentada precisamente para respetar la verticalidad y el eje que conecta tierra-cielo. Siéntate cómodamente en un *zafu* (cojín especial para meditar), una banqueta, en el suelo sobre una alfombra o en una silla, manteniendo la espalda recta, relajada, pero sin dejadez. Se trata de lograr la alineación correcta de la columna vertebral. La columna nos ancla a la tierra y a la vez nos eleva. La columna sostiene al cuerpo. Si te sientas derecho, con una vértebra sobre la otra, con un peso igual a cada lado, la columna vertebral puede llevar mucho peso sin resentirse. Pero si te sientas torcido o encorvado, al poco rato aparecerán todo tipo de molestias. La forma de sentarse ha de ser distendida. Haz una rotación de hombros hacia atrás para abrir tus pulmones y tus bronquios y evitar una lordosis. Déjalos caer hacia atrás, así la caja torácica se mantiene abierta y respiras mejor. Respira hondo, llevando primero el aire al vientre y relaja los hombros y brazos. Coloca las manos relajadas sobre las piernas. Cierra los ojos y céntrate en la respiración. Para centrarse en el aquí y ahora, desarrollar la percepción y regresar al cuerpo, percibe el aire que entra y el que sale. Percibe el movimiento del diafragma con la respiración.

Si durante la meditación tienes dolores físicos o molestias, es posible que sea debido a una mala postura. Es importante sentarse bien. Debemos experimentar con diferentes posturas, para ver cuál es la que nos va mejor. Elige un par de posturas que te vayan bien, por ejemplo sentado en una silla y otra sentado o arrodillado en una banqueta o *zafu*. Normalmente, el cuerpo se aquieta durante la meditación y llega un momento en que ya no sientes ninguna necesidad de moverte.

Si te duermes meditando, puede que sea porque estés muy cansado; la solución está en descansar y dormir mejor. En ocasiones, uno se duerme porque es una tendencia a huir, a estar distraído, a no estar presente. Entonces es bueno abrir los ojos y reposar la mirada en una vela o en un punto fijo sin forzarla, y seguir centrado en la respiración. A veces, al cerrar los ojos, aparecen muchas ideas, recuerdos e imágenes, y entonces es mejor abrirlos y reposar la mirada en un punto.

Puede ser que cuando medites aparezcan resistencias. Una voz en ti te llevó a querer meditar, y otra voz en ti se resiste a contemplar. En esos casos, es bueno preguntarse qué es lo que interiormente quieres de verdad. Escucha. Acalla la mente y deja que surja de tu profundidad la respuesta. Si no surge, no hay prisa. Deja que la pregunta actúe en ti. Puedes seguir el consejo de Rainer Maria Rilke: «Vive ahora las preguntas. Quizá luego, poco a poco, sin darte cuenta, vivirás un día lejano entrando en la respuesta».[16]

La meditación te aportará muchos beneficios. Con la práctica, con paciencia, poco a poco tu ser se abrirá a vivir con sentido, vivir más relajado, vivir conectado y en Presencia, gozar de la vida, amar más a las personas, a los animales y a la vida en general, serás más positivo, tus relaciones fluirán mejor, tu umbral de tolerancia aumentará, y tu aceptación de lo que es como es te facilitará vivir sin luchas innecesarias que consumen tu vitalidad.

PRÁCTICA DE MEDITACIÓN

Puedes practicar la meditación «Entrar» que encontrarás en la página 266.

3. Percibir

Hoja de parra verde

> «Nos centramos en la realidad y contemplamos qué es lo que nos llega de allí. Aprendemos a percibir lo que está. (...) La percepción del presente es un paso previo a la percepción de la presencia de Dios. (...) Se necesita mucho silencio interior para tener más percepción de Dios.»[17]
>
> FRANZ JÁLICS

La percepción te lleva al presente. El presente te lleva a la presencia. Cuando percibimos, debemos estar en eso, en percibir. A veces uno se genera representaciones de lo que ve, y regresa a la cabeza. Entonces crea conceptos y representaciones con imágenes. Estas no son la realidad. La percepción nos conduce a la experiencia directa, sin nociones, etiquetas, conceptos ni imágenes entre nosotros y la realidad. La percepción nos orienta hacia la realidad y nos asienta los pies en la tierra; es decir, nos hace ser y estar aquí y ahora.

No es el camino de pensar, del proyectar ni del hacer, sino el de la quietud y la percepción el que nos conducirá a la Presencia. Se trata de percibir, que es distinto de observar. En la observación analizas, etiquetas, nombras. La percepción contemplativa es ver sin mirar y sin tensión. Sin mirar, me refiero a que no te haces una representación de lo que estás viendo. La representación es lo que está en la cabeza y puede subsistir sin relación a la realidad. La percepción es la captación de la realidad. Percibir abre tus sentidos y te permite salir de la mente discursiva al estar presente en ti y en lo que te rodea.

La mente discursiva piensa y crea una historia tras otra enlazando los pensamientos entre sí de forma que vives en un discurso permanente creado por ti mismo. Salir del discurso para percibir y vivir la vida es liberador. ¿Vives en la «realidad» creada por tu pensamiento discursivo; es decir, vives en las historias creadas en tu mente? ¿O vives en la realidad que te rodea, que es y está en ti? Lo que es real es esencial, y la realidad que consideramos real generalmente es relativa. La percepción nos trae al presente, y en el presente vivimos la presencia que nos abre a lo real. «Lo único que se requiere es dejar la percepción de lo no verdadero como verdadero. Todos estamos envueltos en ver lo irreal como real. Solamente tenemos que dejar dicha práctica. Entonces realizaremos el Ser como el Ser, es decir "ser el Ser".»[18]

Hay diferentes prácticas que nos ayudan a percibir. Por ejemplo, caminar en silencio en la naturaleza te abre a la percepción. Los claustros de los monasterios e iglesias y los jardines zen son lugares que invitan a los monjes a caminar de manera meditativa. Percibir en la naturaleza la flor abierta, la hormiga que corre, los colores de la piedra y la rama que se mueve con el viento, sin etiquetarlas, simplemente percibiendo lo que es, te abre. También sentir el espacio y abrirse a él. Ver el horizonte y reposar tu mirada en la inmensidad del espacio que se abre ante ti. Centrarse en la respiración es también una práctica que nos lleva a la percepción. Al respirar estamos en el ahora, y podemos percibir el aire que entra y el que sale, así percibimos lo que entra y vamos hacia dentro, y lo que sale y nos volvemos conscientes «del fuera». La mayor parte de nuestra vida respiramos sin darnos cuenta. Algo respira dentro de nosotros. El cuerpo sabe cuánto oxígeno necesita. Si durante unos instantes hemos inhalado menos aire del necesario, aparece espontáneamente una aspiración más profunda y se restablece el equilibrio. La atención y la concentración se convierten en contemplación al experimentar el flujo de vida que se produce en el acto de respirar.

Podemos centrarnos en percibir la respiración hasta que sentimos el flujo de vida que fluye a través de nosotros. Podemos centrarnos en percibir las sensaciones del cuerpo, hasta que estas se disuelven y uno ya no siente más los órganos como separados, sino que experimenta que el cuerpo es un todo en el cual fluye la energía de vida. Uno siente que forma parte del Todo, del universo que le rodea y se siente unido a una totalidad que lo abraza. El meditador o contemplante y lo contemplado se convierten en una sola realidad. Uno ya no respira, sino que es respirado, se ha convertido en respiración. El cuerpo entonces se vive como el cauce de un río de vida, y experimento que soy y soy vida. «El cuerpo solo vive en el presente. Es la mente la que recuerda o la que se anticipa. Por ello, la contemplación solo se da en el presente.»[19]

Para la práctica es importante ser consciente de que no podemos desprendernos del plano mental a través de una actividad mental. Agudizar la percepción es la vía para estar presente y salir de la mente discursiva. Poco a poco, a través de la percepción, uno se brinda, se entrega, y en la práctica se suelta y suelta. Así deja fluir la buena energía, quizá el amor, la sanación, en definitiva la vitalidad y la alegría.

Contemplar, «estar junto al templo», trae tranquilidad. La tranquilidad trae tolerancia. Poco a poco en este proceso te permites el verdadero descanso. El mejor descanso es permanecer en la percepción. No se puede avanzar más de lo que permite el proceso interior. Aprendes a escuchar. Aceptas lo que es. Dejas de luchar inútilmente. Entras en un verdadero descanso, en el que todo tu ser se abre: se vacía. En el vacío llega el momento en que se manifiesta el Ser y te se sientes pleno. Percibes el presente, te vuelves más sensible y te abres a la presencia de Dios. No es necesario creer en él ni tener conceptos o imágenes de él. Recorres el camino de la percepción y al hacerlo te abres a su presencia. Dios es ahora y está aquí.

PRÁCTICA DE MEDITACIÓN
Puedes practicar la meditación «Percibir» que encontrarás en la página 267.

4. Tu mente ¿es tu amiga?

La creación mental

> «Con Dios nos encontramos en un profundo silencio creativo de una manera que trasciende todas nuestras facultades intelectuales y lingüísticas. Somos plenamente conscientes de que no podemos captar a Dios por medio del pensamiento.»[20]
>
> JOHN MAIN

La cita de John Main nos indica que, para captar a Dios, para llegar al profundo silencio creativo, no necesitamos el pensamiento. La mente es un gran motor y tiene una función excelente a la hora de resolver problemas, pero cuando no es requerida, a menudo la mente es el problema. La mente crea pensamientos necesarios e innecesarios, útiles e inútiles, positivos y negativos, debilitantes y que te dan fuerza. La actividad mental incluye el pensar, desear, imaginar, soñar, asociar, recordar, etc. Al contemplar, no necesitas dejarla en blanco ni detener el motor en seco. Se trata de relajar y armonizar; de convertir la mente en tu amiga, de manera que te apoye y acompañe según tu voluntad. Tú mandas sobre tu mente. Recuérdalo.

En este recorrido en la meditación contemplativa te centras en la percepción. Al percibir tomas contacto con la realidad tal como es, aquí, ahora. Con esta práctica sales de la mente. Sin embargo, lo que ocurre es que el flujo de pensamientos crea un diálogo interno con historias que se van hilando, creando interpretaciones de la realidad y separándote de la experiencia directa de la realidad. Y, si no estás atento, regresas a la mente. Se trata de convertir tu mente en tu mejor amiga, y así lograr que no boicotee tus intenciones. Mientras estás ocupado planificando y actuando, quizá no te das cuenta. Pero cuando te detienes y te centras en tu respiración, empiezas a ser consciente del vaivén mental, y de las trampas que te tiende tu mente. Te das cuenta de tu pensamiento discursivo que no cesa, y de que una y otra vez regresas a la mente, y te dejas llevar por las historias que crea.

En la mente fluyen memorias del pasado, de lo ya conocido, leído o escuchado. Incluso puedes llegar a darte cuenta de que «el deseo es el recuerdo del placer y el miedo es el recuerdo del dolor. Ninguno de los dos deja que la mente descanse».[21]

Entrar en el camino del silenciamiento requiere prestar atención plena y poner en acción nuestra voluntad. La atención plena es una disposición que se activa desde dentro, desde nuestra voluntad. Llega un momento en el cual el flujo mental disminuye hasta detenerse y el silencio presente se apodera de nuestro ser. En ese momento estamos en pura presencia. Estamos absortos en la percepción. Percibimos la Presencia. Estamos en comunión, en un estado contemplativo en el cual nos sentimos plenos. En esa plenitud uno se da cuenta de que el reino de Dios está en nosotros. No es algo que vendrá en un futuro o que esté lejos.

Para algunos, la experiencia viene dada como un don, en un momento en el cual brota de forma espontánea, con un silenciamiento de la mente; para otros, se trata de una práctica en la que se requiere tiempo de dedicación. A veces me preguntan cuánto tiempo es necesario para llegar a una experiencia de profundidad, de comunión, yo entonces pregunto: ¿cuántos años has estado viviendo en tu mente y desde tu mente? Los hábitos mentales te han atrapado y te atrapan, y para liberarte has de dedicar tiempo y atención al ser. Ya que uno atraviesa el umbral del silencio, y enseguida vuelve a salir. Luego vuelve a entrar, da unos pasos más hacia el interior, y ocurre que de nuevo se siente atraído hacia el exterior. Y así, en este vaivén de entrar y salir, de los pensamientos al silencio y del silencio al pensamiento discursivo, pueden pasar horas, días, semanas, meses e incluso años, hasta que uno entre del todo. Uno puede proponerse ser el guardián de su mente, y se dice a sí mismo: ahora me centro en la respiración. Y al cabo de unos minutos, de unas pocas inspiraciones o quizá de unos pocos segundos, se olvidó de la respiración y está de nuevo en el pensamiento discursivo y el guardián se «durmió». Por este motivo, la práctica debe abarcar no solo el tiempo en el que uno se sienta específicamente a meditar, sino que también durante el día debemos mantener la atención y debemos mantener al guardián despierto; es decir, consciente. De vez en cuando parar y respirar, volver al presente e intentar silenciar la mente percibiendo la respiración. Al percibir, regresas al presente. Es en el presente donde te encuentras con el manantial de vida que hay en ti.

PRÁCTICA DE MEDITACIÓN

Puedes practicar la meditación «La mente, tu amiga» que encontrarás en la página 269.

La mente en un horizonte de calma. Puesta de sol en Caldetas.

5. La entrega confiada, el compromiso y la determinación

Tendresa

«Quien puede desprenderse, brindar y brindarse experimenta el fluir del amor.»[22]

El compromiso es necesario para avanzar. Intentarlo sin dedicación es como el que hace gimnasia una vez al mes, con ello ni fortalece la musculatura ni gana en flexibilidad. Se necesita una cierta constancia para ser capaz de disminuir el flujo mental y centrarse en algo, ya sea en un mantra o palabra que repite, en una imagen o en el flujo del aire que entra y sale al respirar, y así poder silenciar la actividad mental y estar presente. Si no, lo que ocurre es que uno inicia, se centra, pero en pocos minutos está de nuevo pensando en la lista de la compra o en una conversación que debe mantener o que tuvo recientemente. No se trata de concentrarse como un acto de atención forzada, sino de escuchar. Se trata de ser todo oídos sin necesidad de hacer nada más. Escuchar el silencio en su profundidad. Entregarse al silencio sintiéndose muy despierto en el presente.

Para llegar a la realización del Ser, al discernimiento que clarifica lo que es de lo que no es, el ser del no-ser, y para vivir la experiencia del puro silencio en Presencia, se necesita entrega. Entrega a ser y al Ser, a Dios, al Todo, a la conciencia universal, al Tú eterno del que escribo en los capítulos 11: «La referencia del yo» y 12: pasar de la referencia del yo a la referencia del tú. En las moradas de santa Teresa de Jesús[23], cuando llegamos a la tercera, nos dice que ya hemos superado las dificultades de la primera y la segunda, pero debemos estar muy atentos, porque si no hemos vencido las batallas pasadas por completo, si nos falta humildad, si queremos tener más y no superamos las pruebas que se presentan en el camino, retrocederemos y no llegaremos al centro del castillo interior, a la séptima morada. Volveremos atrás. Saldremos de nuevo hacia fuera, hacia el no-ser.

«Lo único que cuenta es el compromiso total», escribió Sartre. «Ciertamente constituye lo único que da validez a nuestros esfuerzos –afirma Main– y pone a prueba nuestra sinceridad. La vía hacia la plenitud de la vida es exactamente este camino del total compromiso de nuestra persona para con el Otro, la completa y armónica concentración de mente, cuerpo y espíritu en el centro de nuestro ser.»[24] Para Nisargadatta, «lo más importante es estar libre de contradicciones: la meta y el camino no deben estar en niveles diferentes; la vida y la luz no deben luchar; la conducta no debe traicionar las creencias. Llámalo honestidad, integridad o totalidad; no debes retroceder, deshacer, desenraizar, ni abandonar el terreno conquistado. La tenacidad del propósito y la sinceridad en la búsqueda te llevarán a tu meta».[25]

Una vez conectados con la fuente interior de vida, en contemplación, se da el encuentro con Dios, con uno mismo y con el otro. El Ser real se manifiesta. Para crear y mantener esta conexión, es vital estar atento y respirar. Con determinación mantenemos la atención sin manipular. Es una determinación interior que nos mantiene atentos en el centro. Hay una diferencia entre querer lograr algo manipulando y controlando, y la determinación que surge de una voluntad comprometida. La necesidad de manipular y controlar surge del yo-ego que desconfía de lo que pueda ocurrir.

Para mantenernos centrados, en el espacio interior sagrado, necesitamos determinación y compromiso. La determinación es una actitud espiritual que implica entregarse a la práctica, con el cuerpo distendido y en confianza plena.

Sabemos que la mente nos llevará afuera, nos sacará hacia el mundo de la acción y de la distracción. La atención es clave para continuar con la práctica de regresar al centro. Es posible mantenerla si nos comprometemos con determinación. Es una atención sin tensión. Una determinación que surge del ser y no de la mente que fuerza.

Nos ayudará ser conscientes de la fuerza vital que emana de las manos. A través de nuestro contacto corporal, vía las manos, fluye nuestra vitalidad, sea con una caricia, un apretón de manos o la imposición de manos. Aprendí de Franz Jálics a meditar colocando las manos en una posición concreta y centrándome en la percepción de la energía que emana del centro de las palmas de las manos. Al meditar colocando las manos una frente a la otra a la altura del pecho, siento que fluye una vitalidad que me mantiene despierta, energética, y la Presencia se me hace más real, más palpable, más en mí. Por este motivo quiero citarle aquí: «Jesucristo logró mucho a través del contacto de sus manos. A menudo realizó sus milagros mediante contactos corporales o imposición de manos. [...] La fuerza de las manos fluye de manera muy intensa a través del centro de las palmas de las manos. Estas son una especie de centro energético, a través del cual la energía vital fluye hacia fuera. [...] Si no deseamos que esta fuerza se disperse sino que se concentre, juntamos las manos y superponemos los centros de las palmas. La fuerza no fluye hacia fuera, sino que se encauza hacia un circuito energético interior, donde fortalece la fuerza vital. Intensifica la presencia de ánimo de la persona. Uno está mucho más consigo mismo. [...] Las primeras veces que recé la oración solemne en la posición indicada de las manos experimenté un intenso recogimiento. Sentí cómo a través de las palmas de las manos se cerraba un circuito energético que producía en mí un recogimiento atento y vivo. Desde entonces sé que la fuerza interior no solo se puede dispersar, sino que también se puede concentrar».[26]

Pautas para la práctica

Al sentarte a meditar, primero asegúrate de que estás en la postura adecuada, los hombros ligeramente hacia atrás, pecho abierto y relajado. Haz unas cuantas respiraciones tranquilas, siendo consciente del aire que entra y sale. Una vez que has entrado en este espacio meditativo, coloca las manos una enfrente de la otra, a la altura del pecho, los dedos relajados, y dirige tu percepción al centro de las palmas. Con la práctica, verás cuál es la distancia adecuada entre una mano y la otra, puede ser entre diez y treinta centímetros. Fija tu atención en el centro de la palma de las manos. Si te distraes, vuelve a la sensación de las palmas de las manos. Desde ese centro fluye una fuerza de la que a veces no somos conscientes. En las siguientes meditaciones, puedes colocar las manos una frente a la otra en esta postura y seguir practicando el mantener la atención en el punto central de las palmas de las manos.

Determinación

PRÁCTICA DE MEDITACIÓN

Puedes practicar la meditación «Entrega confiada» que encontrarás en la página 271.

6. Liberarse de la presión de ser eficaces

Liberarse de la presión

«La oración contemplativa no es algo que se hace, sino algo que se deja que suceda. (...) Es como una flor que crece si se la rodea con cariño y se contempla cómo se va desarrollando. Podrá regársela y ponerla al sol, pero no se la puede urgir a que crezca. Así como la flor se va desarrollando, también se manifiesta el ser y la presencia de Dios. Todos nosotros, tan acostumbrados como estamos a una mentalidad de rendimiento, corremos el peligro de querer intervenir en exceso.»[27]

FRANZ JÁLICS

Una vez que has comenzado la práctica y has entrado en un estado meditativo, es importante no querer alcanzar unos resultados inmediatos ni posteriormente. La presión de ser eficaces y de lograr resultados nos tiene a muchos profesionales atrapados en «la zanahoria» (los objetivos) que queremos alcanzar y nos mantiene alejados del presente, del aquí y del ahora. Mantenemos nuestra mente ocupada en cómo llegar a donde queremos llegar, planificando, analizando y proponiéndonos metas y estrategias para alcanzarlas. Diferentes aspectos se mezclan en la presión que sentimos por rendir. Entre ellos está la adicción a la velocidad que nos impulsa a querer lograr resultados rápido, a que ocurran cosas y se manifiesten enseguida. Nos puede parecer que si no hay logros estamos perdiendo el tiempo. En la práctica es bueno aprender a detenerse, a no apresurarse, a estar presentes, a pararse a percibir, a reposar despiertos contemplando lo que nos llega en ese espacio de espera.

Nos influye en querer lograr algo la necesidad de poseer, de acumular y de tener. Aunque esa necesidad sea la de tener experiencia y acumular logros en la meditación. Renunciar a querer lograr algo es una gran liberación. No podemos manipular los procesos de la experiencia meditativa. Si uno quiere tenerlo todo controlado y manipula el proceso, este se detiene, y se escurre de las manos aquello que quiere retener. Quien puede desprenderse, entregarse y soltar experimenta el fluir de la energía vital y del amor.

Otro aspecto que empuja a querer rendir está conectado con nuestra identidad y con la manera en que nos valoramos. En la sociedad occidental se nos valora por lo que hacemos y lo que logramos. Con el «si no llegas no vales», nuestra autoestima se debilita. Siempre tienes que estar pendiente de lo que ocurre en cada encuentro con alguien, porque puede recordarnos algo en lo que somos inadecuados. Alguien te dirá que te relajes y disfrutes más, otro te dirá que no trabajas suficiente y estás desperdiciando tus talentos. Otro te recomendará que leas más y estudies. Los medios de comunicación te dan criterios adicionales sobre el fracaso personal, ¿tienes la presión normal, has viajado suficiente, cuidas a tu familia, estás al día de política, tu peso es el adecuado, haces suficiente deporte, has visto la última película? Son criterios diferentes para sentir que nunca estás a la altura.

En la contemplación se detiene esta actividad de compararse, preocuparse, presionarse, estar pendiente de la opinión de los demás, querer alcanzar algo, tener que rendir, perseguir el éxito, el perfeccionismo, etc. No es necesaria porque es una actividad que surge de una mente desconectada del Ser, y posiblemente quiere complacer a otros y ser aceptada por otros. Más bien es un obstáculo. «Si estás en el presente, no te compararás con otros.»[28]

¿Te provoca presión el sentir que no eres como deberías ser? Si es así te invito a permitirte no ser como crees que deberías ser. Permítete sentirte impotente. Permítete tener pensamientos. Permítete que no ocurra «nada». Permítetelo de verdad, de corazón, y la tensión interior disminuirá. Acéptate como eres ahora. De momento no es necesario que cambies nada. Por ahora solo suelta la presión que actúa en ti.

Al disminuir y desaparecer la presión, uno se da cuenta de que «ser lo que uno ya es no requiere de esfuerzo –afirma Ramana Maharshi–, dado que el sentido de ser siempre está presente y siempre se experimenta. Por otro lado, el pretender ser lo que uno no es [...] requiere de esfuerzos mentales constantes, aunque se lleven a cabo a un nivel subconsciente. [...] El ser no se puede descubrir haciendo algo, sino solamente siendo».[29] El camino contemplativo es un camino de vida. Necesita tiempo de práctica para que pase a formar parte de nuestro ser, estar y hacer. Contemplar nos lleva al verdadero descanso. Dejas de luchar. Dejas de discutir internamente con otros, de juzgar y analizar todo lo que te rodea. Vives la paciencia con alegría. Y aceptas que todo lo que está presente puede estar presente.

PRÁCTICA DE MEDITACIÓN

Puedes practicar la meditación «Liberarse de la presión» que encontrarás en la página 273.

7. El desierto

Vivir un sueño (detalle)

«El desierto es la percepción de sí mismo.»[30]

FRANZ JÁLICS

Para entrar en la práctica de la meditación contemplativa, podemos utilizar la metáfora del desierto. Imagínate que vas solo al desierto. Antes de llegar has tenido que apartarte de las personas y de los animales de compañía, de las actividades, las casas, tus espacios en los edificios conocidos y habitados por ti, los objetos, los coches, los ordenadores y los *smartphones* (allí no encontrarás cobertura). En definitiva, uno se va sin prácticamente nada al desierto y, una vez llega, da el siguiente paso: desprenderse internamente de todo lo que dejó físicamente, pero que lo lleva en su mente. Luego pasa por el proceso de desprenderse de sus deseos y expectativas. Uno está ante la nada, con kilómetros de dunas por todas partes, y ocurre que su realidad mental aún está apegada a lo que dejó. ¿Qué te preocupa? ¿En qué centras tu atención? Mientras haya un sinfín de mensajes, personas, acontecimientos y circunstancias que exijan y llamen constantemente tu atención, seguirás con el pensamiento discursivo intentando dar respuesta a todo y controlarlo para que no te desborde. Además, te darás cuenta de que tu mente repite ciertos pensamientos que son debilitantes. Te chupan energía. Te alejan de tu centro vital. El estar en un espacio de desierto te permite darte cuenta de esta dinámica interior, y te facilita practicar el percibir. Percibir dónde estás, sentirte presente, soltar y vaciarte para dar espacio a lo nuevo. Percibir la inmensidad que se abre ante ti, los horizontes que parecen infinitos, el cielo vasto e interminable.

Jesús fue al desierto. Otros maestros también se adentraron en el desierto. Jálics explica su experiencia en el desierto de Atacama, Chile: «El desierto es un lugar de encuentro con Dios».[31] En la Biblia se descubre como los desiertos son lugares de encuentro con Dios.

Quizá no podemos ir ahora mismo al desierto, pero sí que podemos comprender la metáfora de apartarse, desprenderse, soltar y vaciarse para tener espacio y percibir lo que es real y esencial. Percibir desde un espacio de atención para que nuestra escucha no esté teñida de un sinfín de pensamientos, juicios y discusiones internas; para dejar fuera lo que está fuera y no cargar inútilmente con responsabilidades o pensamientos innecesarios. Para permitir que lo que nos quiere llegar llegue. Para que el Ser se manifieste.

Si no puedes ir al desierto, puedes encontrar lugares donde abunde la naturaleza. Los espacios de encuentro con la naturaleza son beneficiosos. Una inmersión en la naturaleza nos hace mucho bien. Caminar por el bosque, por la playa o alrededor de un lago en un lugar tranquilo nos facilita descansar nuestra tendencia a ir deprisa, y así encontrar la armonía, mirar el cielo y sentir la vida que nos rodea. Cuando estamos inmersos en un espacio lleno de naturaleza, nuestro ser se calma y clarificamos nuestro interior. Nos revitalizamos.

La vía del desierto puede asemejarse a la vía unitiva,[32] la vía mística, que se centra en la contemplación e implica el mayor cambio y el más radical en la vida espiritual de la persona. Un cambio que transcurre desde el querer tenerlo todo controlado, analizado y estructurado, a entregarse a Dios, a la Vida, al Todo, en una confianza radical que nos lleva a sentir que el Todo está en nosotros, y nosotros estamos en el Todo. Nos lleva a sentir que el reino de Dios está dentro de nosotros. En palabras de Ramana Maharshi: entregándose al Ser, el no-ser dejará de existir, porque en realidad nunca ha existido, el no-ser es irreal.

Atravesar el desierto es andar en una travesía liberadora. Para hacerlo, uno reafirma su intención y voluntad: sí quiero soltar, dejar ir para dejar venir y permitir que llegue lo que ha de llegar. Sí, quiero salir del pensamiento discursivo y entrar en el centro, en el núcleo vital, en esa profundidad de la que «surge una fuerza increíble que paulatinamente nos otorga todo y nos consagra al estado de contemplación».[33] La disciplina y tu voluntad te sacarán del laberinto mental. Tu intención, disposición y apertura te ayudarán a dar el salto. Un salto impulsado no por lo que dejas atrás, de lo que ya estás harto, sino por lo que te atrae. En esos nuevos horizontes, la nada está plena de

Sat-Chit-Ananda; es decir, de autenticidad, verdad, existencia (*Sat*), de consciencia (*Chit*) y de alegría, de dicha y gozo (*Ananda*). *Sat* se refiere a que no hay sujetos ni objetos en el Ser, solamente la conciencia de existir. «La experiencia directa de esta conciencia –según Ramana– es un estado de felicidad ininterrumpido y, por lo tanto, la palabra *ananda* o felicidad absoluta se utiliza como una descripción de tal estado. Estos tres aspectos, es decir, la existencia, la conciencia y la felicidad absoluta, se experimentan como un todo unitario y no como atributos separados del Ser. Son inseparables como la liquidez, la transparencia y la humedad son propiedades inseparables del agua.»[34]

Pautas para la práctica

El tiempo dedicado a la meditación requiere dejar en suspenso tus preocupaciones y problemas, sabiendo que ya los retomarás luego, cuando sea el momento. Quizá estés cavilando sobre alguna decisión que debes tomar o alguna situación que te preocupa. Es posible que sea una cuestión que involucra el corazón o el subconsciente. Entonces hay que resolverlo a ese nivel, y no a nivel mental. Al contemplar, gracias a la quietud, podemos descender a la profundidad. Pero es solo posible si primero dejamos de darle vueltas al asunto en la cabeza. Se trata de poner a un lado la preocupación antes de iniciar la meditación para centrarnos en la percepción. De manera que pueda llegarnos la claridad desde lo profundo. Será una claridad que no se manifestará como idea del intelecto, surgirá una claridad de la profundidad del Ser.

Cada vez que aparezcan los pensamientos, las preocupaciones, las tensiones o los problemas en la meditación, despréndete de ellos y vuelve a la percepción. Dirige toda tu atención a las palmas de tus manos. Percibe la fuerza vital que fluye del centro de las palmas de tus manos, y de este modo te desprendes de tus pensamientos sin rechazarlos. Sencillamente, cambias el foco de tu atención, y al estar absorto en percibir la vitalidad que fluye de las manos, sales del espacio mental.

PRÁCTICA DE MEDITACIÓN
Puedes practicar la meditación «El desierto»
que encontrarás en la página 275.

8. La aceptación: lo que es, es

Danza aceptando

«No pretendas que las cosas ocurran como tú quieres. Desea, más bien, que se produzcan tal como se producen, y serás feliz».[35]

EPICTETO

«El río de la vida fluye entre las orillas del dolor y el placer. La mente solo se convierte en un problema cuando se niega a fluir con la vida y se queda estancada en las orillas. Fluir con la vida quiere decir aceptación: dejar llegar lo que viene y dejar que se vaya lo que se va. No desees, no temas, observa lo que sucede cómo y cuándo sucede, puesto que tú no eres lo que sucede, tú eres a quien le sucede.»[36]

NISARGADATTA

Aceptar lo que es y que todo lo que está presente puede estar presente no es fácil. Estamos acostumbrados a analizar, juzgar y querer modificar lo que es. Vivimos en la queja y en una insatisfacción casi permanente. Así que aquí llegamos quizá a la primera gran piedra en el camino; supone un obstáculo que hace que muchos se queden estancados, no avancen e incluso reculen. La pregunta que surge es: ¿eres capaz de dejar todo como está y mirarlo tal como es, sin querer modificarlo?

Se trata de calmar la tendencia a querer tenerlo todo controlado como a ti te gusta. Esta capacidad la podemos aprender de la naturaleza.

El árbol acepta a la enredadera que sube por su tronco, al pájaro que se sienta sobre su rama, a la hormiga que sube y baja por sus ramas, al gusano en sus raíces, al viento que golpea las hojas, al agua de la lluvia, a los rayos del sol. A pesar de todo este movimiento a su alrededor, el árbol no lucha en contra de lo que ocurre, sino que se asegura de conectar con lo que le da vida, fortaleciendo sus raíces, generando más ramas y hojas, para seguir creciendo y viviendo según los ritmos estacionales. Desde su fortaleza y vitalidad interior, el árbol supera las adversidades cotidianas. Otro ejemplo lo podemos aprender viendo cómo todo se recicla de manera orgánica en la naturaleza. La hoja que cae al suelo y enriquece la tierra, la abeja que poliniza, el gusano que fertiliza.

Al meditar y en la vida, se trata de no entrar en pensamientos del tipo: ¿Por qué me dijo esto? ¿Cuándo se quedará quieto? ¿Por qué me mira así? ¿Por qué no me llamó? ¡Qué calor hace! ¡Qué frío!, etc. Cuando aceptas lo que es como es, puedes estar presente, aquí, ahora, respirando sin luchar en contra ni desperdiciar tu energía. Por supuesto que hay cosas que podemos mejorar, cambiar y transformar. Y debemos hacerlo. Si hay desorden, puedes ordenar. Pero si el desorden no depende de ti, si es asunto de otro, puedes conversar con él o ella y sugerirle cambios. Si sigue desordenando, invadiendo tu espacio, puedes poner límites y pautas, y acordar unas condiciones de convivencia. Pero si entras en la queja, en la rabia, en la impotencia, en la frustración, en sentirte víctima, todo ello no traerá el orden. Para ser capaz de contemplar, es necesario el desapego. Por esto ahora me estoy refiriendo a tener la capacidad de aceptar los pensamientos que vienen y se van, las circunstancias como se dan, la vida como llega. Si, por ejemplo, llega la enfermedad, voy a prestar atención para cuidarme y mejorar. Pero luchar en contra de lo que ha llegado quejándome y lamentándome no me ayudará, más bien me quitará la energía y la vitalidad que necesito para sanarme. Antes de querer cambiar algo hay que aceptar el punto de partida, el cómo es y cómo está la situación, la persona o tú.

Si al meditar, empiezo a luchar contra todo lo que aparece en mi mente, en mi corazón y en mi cuerpo, difícilmente podré meditar. Seguiré ocupado en querer que las cosas sean diferentes. Sí, la intención es meditar, por tanto quiero dejar que se calme el torbellino mental. Así que debo separarme de él, reconocer que está, pero dejarlo estar sin atenderlo, y poco a poco irá disminuyendo su intensidad. Si me resisto al torbellino, permanecerá, ya que seguiré prestándole atención.

La lucha y el rechazo de lo que es provocan una dualidad entre lo que queremos y lo que es. Esta confrontación genera una tensión que multiplica los pensamientos que creamos. Así que es importante orientarse hacia la percepción, sin luchar en contra de nada. Puedes darles la bienvenida a los pensamientos que van apareciendo, y decirles que se queden en la sala de espera, deja claro que ahora estás ocupado, enfocado en la práctica contemplativa. En la medida en que te centres en la percepción, los pensamientos se irán retirando.

Esto no significa que la meditación nos lleve a un estado de pasividad y de falta de responsabilidad con el prójimo. Más bien al contrario. Una buena meditación te vuelve más empático y más cercano al otro. Una buena meditación te da la vitalidad necesaria para terminar las tareas que tienes pendientes, para afrontar las conversaciones difíciles y para limpiar tu casa. Cuando meditas, no piensas en las tareas. Pero al terminar de meditar tienes energías renovadas para actuar con eficiencia y sin pereza.

Al contemplar y al escuchar, estamos completamente distendidos. Solo es posible escuchar realmente si permanecemos abiertos y dispuestos a recibir lo que nos venga al encuentro. La percepción nos facilita escuchar. Al meditar percibimos lo que es y lo apreciamos. Apreciar nos facilita aceptar, aceptar lo que es. Una vez que aceptemos, el siguiente paso es agradecer lo que es.

PRÁCTICA DE MEDITACIÓN
Puedes practicar la meditación «Aceptación»
que encontrarás en la página 277.

9. Apreciar, agradecer, asombrarse y admirar

Flores

«Lo que apreciamos se aprecia; es decir, lo que valoramos aumenta de valor.»[37]

Apreciar nos ayuda a aceptar y a agradecer. Las expectativas nos dificultan apreciar. Nos es difícil apreciar y querer a una persona por lo que es en este momento de la relación. Nos es más fácil quererla por lo que creemos que es, o deseamos que sea, o sentimos que debería ser. «Querer a una persona por lo que es, olvidando lo que querría que fuera, abandonando el deseo de cambiarla para satisfacer mis necesidades, es algo sumamente difícil, pero que enriquece una relación íntima y plena de satisfacción.»[38] Tenemos la misma dificultad en apreciar las situaciones por lo que son en este momento. Nos gustaría que fueran diferentes y, con la expectativa de lo que queremos que sean, nos es difícil apreciar como son ahora. Aceptar lo que es no significa estar de acuerdo con que sea así. Al aceptarlo estamos abiertos. La apertura nos permite apreciar lo que hay de bueno y ser proactivos en cambiar lo que conviene y podemos cambiar.

Apreciar y aceptar nos ayuda a agradecer. El agradecimiento abre nuestro ser y nuestro corazón. Cuando agradecemos, estamos abiertos y acogemos lo que es. Apreciar nos permite reconocer al otro. En la apertura y el reconocimiento podemos agradecer, asombrarnos y admirar.

Admirar es estar abierto a lo que vemos y valorar su singularidad. Admirar es ver de nuevo, contemplar o considerar con estima o agrado especiales a alguien o algo que llama la atención por sus cualidades. Es también tener singular estimación a alguien o algo. Admirar nos permite disfrutar, saborear, gozar y contemplar. El que admira se maravilla, se asombra, se entusiasma, se sobrecoge. En definitiva, admirar nos abre, y esta apertura se da en la contemplación. Contribuye a limpiar la mirada para ver de nuevo apreciando y agradeciendo lo que es.

En palabras de Main, «después de orar, la principal convicción sobre nosotros mismos y la creación entera es la capacidad infinita que tienen todas las cosas para ser mediaciones de los prodigios y el esplendor de Dios. Entonces sucede algo maravilloso. Junto a esta creciente sensación de asombro ante la fuerza de Dios en nuestro interior, descubrimos una armonía cada vez más profunda, la plenitud creadora que poseemos, sintiendo que nos conocemos por vez primera».[39] La gratitud y el agradecimiento nos permiten vivir con apertura y nos ayudan a convivir con el sufrimiento sin que este nos inunde y nos encierre en nosotros mismos.

Es bueno que cultives una mente agradecida que no permita que las percepciones negativas nublen tu mirada. Agradece lo que tienes, lo que es, la vida que te mueve y tus aprendizajes. En vez de enfocarte en lo que no tienes, en lo que va mal, en quejarte por todo lo que no es como crees que debería ser, empieza a agradecer lo que sí es. La gratitud abre nuestra mente y nuestro corazón. Al abrir la mente, se amplía nuestra capacidad para lograr más haciendo menos. Gastamos menos energía vital que de otra manera perderíamos con ansiedad, estrés y resistiéndonos a lo que es. En esta apertura se manifiesta el Ser, y al actuar desde el Ser, uno siente que no hace, sino que el Ser hace a través de uno. El Ser es un manantial que fluye en mí.

Al agradecer creas un espacio de descanso en tu interior. Dejas de complicarte mentalmente. Si tu mente complica y retuerce las cosas creando una realidad pesada, aunque estuvieras en el paraíso, sentirías ansiedad. Si tu mente no es tu amiga y sigue quejándose, en una actitud crítica saboteadora, apuntando siempre hacia fuera, aunque recibieras la Gracia, boicotearías tus logros positivos. La mente puede convertirse en tu amiga o en tu peor enemiga, creando paraísos o infiernos internos. Siendo rehén de tu propia mente, no importa cuán bien actúes, nunca te sientes satisfecho. Vives en un estado de masoquismo en el cual te maltratas a ti mismo, en vez de cuidarte y cuidar de tu propia vitalidad. Relájate. Aprecia. Agradece.

Como estamos en el camino de la percepción y la contemplación, el apreciar, el aceptar y el estar abiertos a asombrarnos ensancha nuestro espacio interior para dar cabida a lo que es, desde lo mejor de lo que es. Esta práctica nos facilita agradecer. Así que los cuatro pasos, apreciar, aceptar, agradecer y asombrarse, nos permiten conectar con lo que es desde nuestro santuario interior. Ya centrados en el templo interior, el ser está en estado de yo con-templo (en el templo). En el espacio sagrado interior se vive el amor eterno que fluye de dentro afuera y de fuera adentro. Empezamos a sentir la unidad. La admiración amorosa renace en nosotros. Sentimos la Presencia, y en Dios fluye el amor eterno que surge de sí mismo. En Dios no existe la dualidad entre el bien y el mal. En Él solo fluye el amor, y cuando nos permitimos estar en ese amor, y dejamos que lo que es sea, experimentamos cómo se disuelve lo que deba disolverse. Los nudos interiores, los traumas, las pequeñas piedras internas que nos provocan tensión y las preocupaciones que a veces nos tienen secuestrados se irán disolviendo a medida que nos sintamos inundados por ese amor que todo lo abarca y todo lo es.

PRÁCTICA CREATIVA
Apreciar

Me gustaría que por unos instantes recuerdes un momento cumbre en el que te hayas sentido apreciada, reconocida, estimada, valorada. Una experiencia que hayas vivido como especialmente gratificante y que de alguna manera haya influido en tu vida. Una vivencia en la que la valoración y el aprecio del otro u otra hacia ti te hayan infundido vitalidad y nuevas energías.

Trae esta experiencia al momento presente. Recuerda cómo te sentías. ¿Qué sentimientos viviste gracias al aprecio que recibiste?

✧ ¿Qué facilitó que se diera?

✧ ¿Qué produjo en ti? ¿Cuál fue el impacto?

✧ ¿Quién estaba contigo?

✧ Si esa experiencia se repitiera más a menudo, si la vivieras más veces, ¿qué estaría ocurriendo en tu vida? ¿Cómo te sentirías?

Ahora piensa en un momento en que tu apreciaras, valoraras, reconocieras a otra persona de forma clara y explícita. Recuerda una experiencia cumbre en la que tu aprecio hacia otra persona le impactara de forma positiva. Quizá la reconociste y le acompañaste para que floreciera, para que diera más de sí misma, para que se sintiera cómoda en expresarse y en ser ella misma. Quizá tu aprecio reforzó su autoestima. Recuerda esa experiencia y tráela al momento presente, ¿qué hiciste, dijiste, manifestaste? ¿Cómo te sentías?

✧ ¿Qué impacto o influencia tuvo en la otra persona lo que tú dijiste o hiciste?

✧ Si ocurriera más a menudo, si más veces en tu vida apreciaras y reconocieras a otra persona de forma explícita, ¿cómo influiría esto en tu vida?

✧ ¿Qué impacto tendría en los otros?

✧ ¿Qué ocurriría si vivieras el aprecio hacia ti mismo y hacia los otros con mayor frecuencia en tu día a día?

✧ ¿Dónde puedes encontrar oportunidades para ser más apreciativo?

PRÁCTICA DE MEDITACIÓN

Puedes practicar la meditación «Apreciar y agradecer» que encontrarás en la página 279.

10. Ser relacional

Complicidad II

> «El que no se ama a sí mismo no puede tampoco amar al que le otorga la vida, o sea, a Dios.»[40]
>
> FRANZ JÁLICS

> «No existe el yo aislado ni la experiencia completamente personal, sino que existimos en un mundo de constitución conjunta. (...) Incluso en nuestros momentos más privados nunca estamos solos.»
>
> KENNETH GERGEN

Entramos en el desierto pensando que estamos solos y llega un momento en que nos damos cuenta de que no solo llevamos con nosotros un gran equipaje de objetos invisibles a los ojos que ocupan espacio en nuestra mente y pesan en nuestra alma, sino que además no estamos solos. Todas nuestras relaciones, buenas y malas, beneficiosas y dañinas, nos acompañan de alguna manera. Nos damos cuenta de que sería bueno hacer las paces con todo y con todos. Aunque estemos en silencio y en soledad con nosotros mismos, al meditar nos volvemos conscientes de todo nuestro mundo relacional. El amor por una persona, la rabia contra alguien, la pena por una pérdida, el miedo por lo que pueda decirte o hacerte otra persona, y un sinfín de emociones conectadas con nuestras relaciones interfieren en nuestra meditación. Y es que somos seres relacionales, e incluso cuando estamos solos, no lo estamos realmente.

«No existe el yo aislado ni la experiencia completamente personal, sino que existimos en un mundo de constitución conjunta –afirma Gergen–. Siempre estamos emergiendo de una relación, de la que no podemos salir; incluso en nuestros momentos más privados, nunca estamos solos. Además, el futuro bienestar del planeta depende en gran medida de la manera en que podamos nutrir y proteger no a los individuos, ni siquiera a los grupos, sino a los procesos generativos de relaciones.»[41] Es prioritario que sepamos cuidarnos de manera integral si queremos un planeta habitable en armonía para nuestros hijos y las futuras generaciones. Por integral me refiero a pensar y actuar de forma sistémica teniendo en cuenta nuestras relaciones y nuestro impacto en el entorno.

Ser y estar bien con uno mismo requiere saber estar bien tanto solo como acompañado. Ser y estar con uno mismo no significa necesariamente ser solitario ni estar aislado. Jálics[42] afirma: «Todo lo que vivenciamos en las relaciones humanas sucede al mismo tiempo con Dios. Nos comportamos frente a Dios de la misma manera que tratamos a las personas. El que no se ama a sí mismo no puede tampoco amar al que le otorga la vida, o sea, a Dios». Amar a Dios, amar al prójimo y amarse a uno mismo van ligados. Mientras menosprecies a una persona, desprecias también a Dios. Esa persona forma parte del Todo. Es como una ola en el océano. Al menospreciar la ola, desprecias también parte del océano. El desprecio entonces ocupa un espacio en tu corazón que hace sombra al núcleo sano y empaña tu capacidad de amor completo y total.

El amor al prójimo se resiente porque no escuchamos realmente. Tenemos prejuicios y perjuicios que nos impiden escuchar con nitidez al otro. No escuchamos desde el ser, con escucha empática y generativa. Como no escuchamos desde la escucha profunda, tampoco le sentimos ni le acogemos. Valoramos al otro por lo que rinde y no le percibimos en su totalidad, sino solo en el aspecto de su utilidad. Si te es útil le aprecias, y cuando ya no te sirve le desprecias y le descartas. En esta sociedad donde el rendimiento se valora en exceso, dejamos de respetar al prójimo cuando le vemos y le consideramos solo por su utilidad. Desaparecen del horizonte otros aspectos que no se aprecian. No percibimos al otro en su totalidad.

Si no escuchamos a los otros realmente, no podemos escuchar al Ser, ni a la Presencia. Para escuchar, debemos dedicarnos cien por cien a la persona que tenemos enfrente, aunque sea solo unos instantes. En esos minutos, para estar en presencia plena, necesitamos desconectar de la presión del rendimiento. La práctica de la meditación contemplativa nos ayuda a saber desconectar cuando es necesario. Por ejemplo, tienes unas expectativas y un plan en tu agenda, pero por el camino te encuentras a alguien o te llama una persona; esto no estaba en tu plan y lo vives como una interrupción. Si no eres capaz de desconectar por unos minutos de tu propio afán y presión de querer cumplir con tu plan, no podrás entonces escuchar ni estar presente para el otro. No significa que renuncies a tu plan, pero sí que seas capaz de detenerte internamente, de distanciarte durante unos minutos de tu presión por rendir y estar presente para lo que la vida te trae en esos momentos. Tu ser se nutre también de las conversaciones y de las relaciones, y para que ese alimento conversacional y relacional sea nutritivo, es importante estar presente para el otro que acude a ti.

En la meditación puedes colocar a las personas en un espacio interior que te permita apreciar, valorar, reconocer, aceptar, amar, perdonar, tener compasión, desapegarte, sincerarte, abrirte y ser tú mismo. No se trata de querer cambiar a otro para estar bien tú, sino que desde la aceptación de lo que es, sueltas tus expectativas y tus proyecciones, dejas de crear suposiciones, te desapegas, amas, comprendes, sientes compasión y dejas que el amor divino actúe en ti y a través de ti.

En ocasiones es importante hacer un trabajo psicológico, emocional, terapéutico que nos permita sanar las heridas que nuestras relaciones hayan dejado en nosotros. Es liberador cuando aceptamos a los padres como fueron con nosotros en nuestra niñez y dejamos de lamentarnos y de quejarnos por cómo fue nuestra infancia y adolescencia. Expongo el tema de la relación con los padres en el apartado «La reconciliación con nuestros padres» del capítulo 18, ya que es importante sanar las heridas de la infancia para vivir el presente en plenitud.

Nuestros avances en la meditación irán ligados a nuestra reconciliación con nuestras vivencias relacionales y a nuestro acercamiento a las personas. Un acercamiento que a veces da pánico porque estamos cubiertos de corazas que tapan nuestra desnudez, nuestra vulnerabilidad, y nuestra fragilidad. Pronto veremos que bajo estas capas, se asienta nuestro núcleo sano, bello y positivo, que está lleno de vida y que nos permite acercarnos al otro desde la humildad y la autenticidad de quienes somos.

La meditación nos ayuda a mejorar las relaciones; nos ayuda a escuchar mejor, a darnos cuenta y reconocer al otro en su completitud, siendo más sensibles. Ahora entramos en una escucha desde la apertura a recibir lo que nos sale al encuentro. Nos hacemos conscientes de que, cuando otro nos habla, no debemos quedarnos solo en las ideas que comparte y combatirlas, sino que hemos de escucharle a fondo. Escucharle es reconocerle, es acogerle como ser humano en su totalidad. Al acoger al otro en tu interior, te das cuenta de que en tu ser se ha tejido una red de relaciones, de conversaciones y de vivencias que configuran lo que eres hoy.

PRÁCTICA DE MEDITACIÓN
Puedes practicar la meditación «Ser relacional»
que encontrarás en la página 281.

11. La referencia del yo

Yo, yo, yo

> «Cuando todas las tendencias de la mente hacia lo externo han sido disueltas en la experiencia repetida del Ser, el Ser destruye al "yo" remanente en su totalidad y nunca vuelve a surgir.»[43]
>
> RAMANA MAHARSHI

Vivimos en la dualidad, sintiéndonos separados y desde un egocentrismo que nos limita y nos aleja del Ser real. Se nos incita a competir, a rendir y a destacar. A ser los más rápidos, los más guapos, los que logran más, los que se superan. Estamos inmersos en una cultura de velocidad, de competición y de compararnos constantemente con los otros. Ello nos lleva a oscilar entre la atracción y el rechazo, entre aceptar algo e ignorar otro ámbito. Nos movemos influidos por lo que nos atrae. Lo que nos atrae nos atrapa. Al sentirnos atrapados, lo rechazamos porque nos sofoca. Aceptamos lo que nos da placer y nos volvemos adictos a múltiples fuentes de placer, películas, videojuegos, cigarrillos, sexo, alcohol. Es bueno disfrutar, pero cuando estamos atrapados por ello, sufrimos, y al sufrir lo queremos rechazar. Estamos atrapados en la rueda de la atracción y del rechazo, del placer y del sufrimiento. Vivir desde el yo separado nos mantiene en esta rueda. El yo separado, aislado, egocéntrico nos provoca sentimientos negativos que nos aíslan o nos separan más, como el miedo, el rechazo, la codicia, la rabia, el odio y la arrogancia, entre otros.

¿Ha sido siempre así? Yo creo que no. En la década de los 1990 y posteriormente en 2001-2003, estuve realizando una investigación sobre el paraíso en la tierra, explorando el mito de una edad de oro perdida. Estudié a muchos autores, y tuve en cuenta el legado de antiguas civilizaciones y de las sagradas escrituras de diferentes religiones.[44] Encontré varios puntos en común. Como, por ejemplo, que el ser humano fue creado de forma que estuviera orientado hacia el Todo, despierto y consciente de su naturaleza original, de su ser real. Posteriormente, el ser humano se separó del origen, de la Unidad con el cosmos, con Dios, con el Todo. Quebró la armonía, se orientó hacia sí mismo, creó una división interior y exterior. Empezó a vivir a partir de un yo egoísta. Se quebró el equilibrio con la naturaleza. Explotó la naturaleza para su propio beneficio, no para el bien común. La avaricia de riqueza, de poder y de dominio invadieron su ser, sus relaciones y todos los espacios públicos y privados. Se creó una cultura patriarcal y de dominio masculino. Se volvió codicioso y dejó de vivir en el ser para estar en el tener. Entre los hombres estalló la guerra. Cada uno se colocaba a sí mismo, sus propios intereses y deseos en el lugar central. Empezó a vivir la dualidad. El yo y el tú separados. El yo dominador de un tú esclavizado y sumiso o de un tú antagónico. El yo separado del Todo. Se alejó de su propia identidad.

Viendo la situación actual en el mundo, donde abunda el egoísmo y el individualismo depredador, considero que no hay tarea más importante del ser humano que la de conectar con su propio ser, su yo auténtico asentado en el núcleo sano, y despertar la energía contenida para desplegar el potencial que alberga. Para ello, todas las tradiciones espirituales proponen trascender el ego. El ego nos endurece y nos impide reconocernos como quienes en verdad somos. Las necesidades del ego nos mantienen atrapados y centrados en nosotros mismos, y nos dejamos guiar por nuestra naturaleza inferior. Se trata de desidentificarse con el ego, con el yo que no ve ni reconoce al otro como un legítimo otro, para desprenderse y liberarse del deseo impulsivo y de las fuerzas compulsivas que atrapan al alma y no le permiten acceder a la dimensión trascendente, a la dimensión del Tú, del otro y del nosotros. Se trata de salir de la referencia del yo, del autocentramiento egocéntrico, de darse cuenta de lo que uno no es.

El yo tiene muchas dimensiones y puede vivirse desde diferentes espacios o conciencias. El filósofo Martin Buber comparte tres maneras de vivir la referencia del yo. Uno es el yo como *Napoleón*. Buber lo define como un yo demoníaco. Un yo conquistaré, yo, yo, yo en el centro de todo. Es un yo malvado, utilizando la terminología de Buber, porque se quiere poner en el lugar de Dios. Es un yo que no reconoce al Tú. «En efecto, él ve a los seres en torno a sí como motores capaces de distinto rendimiento, útiles para calcular y usar al servicio de su causa. [...] Su decir Yo no es pleno, no es vitalmente enérgico, ni siquiera es un decir Yo que simule algo semejante. No habla en absoluto de sí, habla únicamente a partir de sí.»[45] Es un yo vacío porque está poseído por la necesidad de poder y de codicia.

Por otro lado, está el yo dialógico, el yo de *Sócrates*, el yo del diálogo interminable que se manifiesta en la mayéutica.* Se trata de sacar a la luz lo que tenemos en las entrañas a través del diálogo. El Tú permite al yo dar lo mejor de sí mismo, sacar lo mejor de sí. Es un yo justo que reconoce al otro. El justo da lugar al otro, cede el lugar al otro.

Buber menciona otra relación entre el yo y el Tú con el ejemplo de Jesús, para quien el Tú es alguien superior. Es un Tú que te hace salir mucho más del yo, tiene más fuerza para acompañarte en trascender. El Tú es el Padre, a quien Jesús llamaba Abba. Entre el yo y el Tú se establece una relación incondicional, en la que el ser humano a su Tú le llama Padre y/o Madre. El yo confía y ama al Tú de manera incondicional. La relación les lleva a una unidad en la que el yo está en el Tú y el Tú está en el yo. Es un yo que ha trascendido el ego. Es un yo que es Tú. Es el ser despierto y en consciencia plena.

Al trascender el ego, nuestro ser es consciente de la realidad más amplia que la que uno puede percibir con los sentidos. Uno percibe al otro, lo reconoce y lo ve, y se da cuenta de

* Método socrático con que el maestro, mediante preguntas, va haciendo que el discípulo descubra conocimientos que en él estaban latentes. (*Diccionario de la lengua española* de la Real Academia Española; consultado en línea.)

lo que realmente es importante. Deja de reaccionar desde una postura defensiva y se muestra sin miedos tal y como es. La consciencia se abre a nuevas perspectivas, y uno accede al conocimiento más profundo del ser e incluso accede a lo divino, al divino.

A medida que la referencia del ego se va superando, la persona va adquiriendo un conocimiento que ya no está centrado en las propias necesidades fisiológicas y psicológicas. En un estado de meditación contemplativa, la consciencia se despierta, se abre y se descubren los límites del ego, se reconoce la sacralidad del propio ser y se aprende a trascender los límites para entrar en conexión con la sabiduría que nos une a todos y con el Todo. Se manifiesta así el yo más profundo con toda su capacidad creativa, generadora de vida y de comunión. Se manifiesta el Ser. «La liberación es nuestra naturaleza verdadera. Somos eso. El hecho de que aspiremos a la liberación muestra que la libertad de toda esclavitud es nuestra naturaleza real. No hay que adquirirla de primera instancia. Lo único necesario es dejar la falsa noción de que estamos atados. Cuando logremos esto, no existirán ni deseos ni pensamientos. Mientras uno desee la liberación, se puede decir que uno está, por lo tanto, atado.»[46] En esta atadura, uno vive autocentrado, y su yo limitado y no real es su marco de referencia. A menudo se puede encontrar con sentimientos negativos que le separan aún más del Ser real y del Tú eterno. A modo de ejemplo:

– El **miedo**, que surge cuando el yo se siente amenazado.

– La **rabia**, que emerge cada vez que hay una expectativa insatisfecha, o cuando uno no puede hacer valer el yo, o se siente traicionado.

– El **desprecio**, cuando uno necesita ser mejor que el otro, o saber más que él.

– La **tristeza**, que aparece con el vacío que nos deja la pérdida de aquello a lo que tenemos apego.

En definitiva, cuando tú eres referencia de todo: tú sabes, todo depende de ti, vives en tu mundo y solo tú puedes arreglarlo. Las preocupaciones que surgen de la referencia del yo te hacen sentir que es tu carga. Tu vida gira en torno al yo, al mí y a lo mío. Y tus deseos alimentan tu referencia al yo. Desde el yo, el mí y el mío uno, vive en la consciencia de acumular y nunca considera que tiene suficiente. Vive en la obligación de rendir, cuanto más rendimiento más se crece uno en su yo, más siente que es alguien. Uno juzga todo a partir de su punto de vista y quiere imponer porque necesita tener razón.

Es fácil entrar en el camino de la meditación desde la referencia del yo. Pero atención porque es una trampa. Ese es uno de los peligros del mindfulness, que se ha difundido como una práctica que puede convertirse en un consumo y un entretenimiento, más que en una práctica transformadora que lleve a trascender el yo-ego.

La referencia del yo en la meditación se puede captar porque lo que uno quiere está centrado en sí mismo. Por ejemplo:

✧ Quieres tranquilidad.

❖ Mejorar la calidad de tu trabajo.

❖ Tener ideas claras para tomar decisiones lúcidas para ti.

❖ Alcanzar poderes curativos.

❖ Sanar el pasado.

❖ Reflexionar sobre tu futuro.

❖ Modificar tu comportamiento.

❖ Buscar terapia para ti en el acto meditativo.

❖ Concentrarte.

❖ Buscas dones de Dios y no a Dios mismo.

No es malo querer tranquilidad, mejorar la calidad del trabajo, sanar el pasado o concentrarse. Pero es importante ser consciente de que, desde la referencia del yo, ponemos límites en la meditación. Nuestra mirada no mantiene horizontes abiertos porque está enfocada en lograr lo que esperamos. Estamos sumidos en nuestros pensamientos que giran en torno a nosotros mismos. Estos cobran vida propia.

En definitiva, la persona vive la meditación desde un centro referido a sí mismo, a sus preocupaciones, su carga y su ocupación. Ello conlleva también un deseo de inmediatez. Uno quiere resultados rápidos y prácticos. Sin duda, la influencia de la cultura de la velocidad y la inmediatez ha entrado en la práctica meditativa. Y al igual que cuando uno inicia un régimen para adelgazar quiere resultados inmediatos, entra en la práctica de la meditación con la misma urgencia. Todo ello gira en torno al yo, al mí y a lo mío. Esta forma de vivir el tiempo de manera que hago algo ahora y quiero el resultado inmedia-

to, es agobiante, estresante y nada útil en la práctica contemplativa. Hay que saber «perder el tiempo» con la conciencia de
que no se pierde, sino que se vive.

Estar sumido en uno mismo paradójicamente lleva a alejarse del sí mismo real y auténtico, del núcleo sano y de la energía
divina que yace en su interior. La persona no cultiva el amor
propio, sino que vive ajena a su yo auténtico. En la tradición
judeocristiana se ha ido creando un temor al amor propio por
no caer en la esclavitud del yo y del egocentrismo. En cambio,
en el budismo no existe la liberación por factores ajenos, sino la
autoliberación. Es a través del amor propio y de la compasión
que uno se libera de la esclavitud del yo. El Buda afirmó: «La
mayor felicidad es la liberación de la conciencia del yo». Según Jálics, se trataría, por un lado, de liberarse de la envoltura
y del estrato oscuro y vivir en el núcleo sano, y por el otro, de
salir de la referencia del yo para vivir desde el yo-tú. Véase en
el capítulo 15, «El núcleo sano tras los estratos oscuros».

PRÁCTICA DE MEDITACIÓN
Puedes practicar la meditación «Santuario interior»
que encontrarás en la página 283.

12. Del yo al Tú o ¿del Tú al yo?

Complicidad III

> «Al tomar conciencia de la presencia de la fuerza del Espíritu, de Dios vivo en nuestro interior, la liberamos, por así decirlo, para que actúe con plena libertad en nuestro ser y nos transforme.»[47]
>
> JOHN MAIN

> «El ser individual esencialmente no existe, dado que es una creación de la mente que oscurece la verdadera experiencia del Ser real.»[48]
>
> RAMANA MAHARSHI

El cambio fundamental, no solo en la meditación sino en la vida, es pasar de la referencia del yo a la referencia del tú, de vivir centrado en el yo a vivir consciente del Tú. El cambio sustancial y primordial es entender y vivir la oración contemplativa como entrega y no como querer egocéntrico. Es colocar al Tú, a la conciencia universal, en el centro de toda búsqueda. Es darte cuenta de que eres relacional, y poner el ser relacional, el yo-tú, en el centro. Es vivenciar lo esencial y sintonizar con la entrega al Tú. Para el creyente es también vivir la actitud de cumplir la voluntad del Padre. Es ofrendar el tiempo a Dios, al Tú eterno, al Todo, a Eso que nos une, al Amor en mayúsculas, como una entrega, como servicio, como amor, admiración, asombro, apertura y aceptación.

Es entregar tu tiempo al silencio sin deseo de inmediatez de ningún tipo, sin expectativas, sin querer lograr, rendir, conseguir, ni alcanzar. En esa ofrenda, te ofreces y eres abrazado por la abundancia de la energía vital, amorosa y pacífica. En ese ofrecimiento, uno se dirige al Tú Supremo y se hace consciente de que el yo brota del Tú. Al silenciar la mente, poco a poco y en el puro silencio, se ve con claridad. Una claridad en la que uno ve y percibe que el yo separado no existe y se da cuenta de que el Ser, el Tú, es el yo supremo del cual emanan todos los yoes. El yo se percibe como parte de la conciencia universal. El yo y el Tú están en comunión y son uno. Más adelante explico y profundizo en esta comunión, en el capítulo 20, «La unión y el gozo».

Para hacer la transición de la referencia del yo a la referencia del otro, es decir, del tú-otro, del Tú eterno, debemos vivir una transformación profunda. La transformación consiste en dejar de ser todo lo que no somos y con lo cual nos hemos identificado. En la práctica, al meditar, utilizo dos vías. Una es del yo al Tú. Me dirijo al Tú con el mantra «Soy en Ti». La otra vía es abrirme al Tú para que venga a mí, entonces el mantra es: «Tú eres en mí». Al abrirme para que el Tú eterno sea en mí, mi «yo pequeño» o mi «yo individual» se va disolviendo en el Tú hasta que siento que soy en Ti y Tú eres en mí.

En relación con el tú, Thich Nhat Hanh introduce el término del *Interbeing*, el interser. Interser: soy porque tú eres.

Soy gracias a ti. Quién soy y cómo soy te influye e incide en el mundo. Soy un ser relacional. Gracias a ser consciente de que soy relacional, tengo en cuenta al otro y esto me facilita cambiar mis tendencias autocentradas. Por ejemplo, al ver, sentir y reconocer al otro como un legítimo tú y no como un objeto útil, se desmonta mi ambición de poder. Al tener en cuenta al otro, la ambición de poder puede transformarse en el poder de servir. Todas las tradiciones religiosas y espirituales nos indican la importancia de servir, de la caridad, de dedicarnos al prójimo. Podemos cambiar la actitud de codicia en una actitud de dar, regalar y compartir, siendo generosos. Vivir desde la conciencia de abundancia nos ayuda a vivir la generosidad como forma de vida. La naturaleza es generosa. Al conectar con el yo-tú y vivir la conciencia del Todo, brota en nosotros la fuente de vida, que es generosa y somos generosos.

El ansia de renombre puede transformarse en asombro, admiración y reconocimiento de la singularidad del otro. En el momento en que te respetas a ti mismo, eres capaz de reconocer al otro sin necesitar sentirte superior ni que te admire.

La rabia puede transformarse en perdón, en empatía y en compasión.

Podemos incorporar a nuestra vida prácticas relacionales que nos permitan transformar las creaciones del yo separado en vivencias y emociones que nos abran al otro. La rabia rechaza y te separa del otro. La codicia te lleva a no tener en cuenta las necesidades del otro, y lo ignoras. En cambio, la compasión, la alegría, la confianza y la generosidad te abren al otro. Veamos más sobre la compasión y la confianza en los siguientes apartados.

PRÁCTICA DE MEDITACIÓN
Puedes practicar la meditación «El yo-Tú» que encontrarás en la página 284.

La compasión

Cuando en la contemplación estás en pura presencia, aflora en ti una profunda compasión. Es un amor que te inunda. En la compasión has aceptado y perdonado, y abrazas y acoges lo que es. La compasión surge de un amor profundo y de aceptar al otro. Quizá no lo entendemos, ni es necesario entenderlo desde la mente lógica racional, pero nuestra comprensión surge de sostener el campo en Presencia, abarcándolo en todas sus dimensiones. En la compasión uno no se contagia del sufrimiento del otro ni siente pena. Si dejas que el sufrimiento del otro te invada, te costará ayudarlo. Quizá no tienes que ayudarlo, sino estar presente para él y cuidarte a ti mismo, comprendiendo que está atrapado en sus propias limitaciones, sombras y espejismos, y de nada te sirve tratarle con rabia y frustración.

Con la compasión mantienes la intención y la capacidad de mitigar el sufrimiento y aliviar el dolor. Para lograrlo, observas y escuchas con atención. Estableces una comunicación profunda, es decir real, en la que te comunicas desde el ser con el cuerpo, con la mirada, con el sentir del corazón y con la mente. En tu presencia comunicativa, la otra persona se siente mejor y tú también. Se trata de cuidar de tus pensamientos, tus palabras y tus acciones. Un pensamiento apropiado conduce a las palabras y a las acciones adecuadas. Cuando vives la compasión, tu presencia, tus pensamientos, palabras y acciones son transformadoras.

La compasión es la virtud que vincula a las grandes religiones. Para los hindúes, *ahimsa* es la no-violencia completa, la renuncia a lo perjudicial y al uso de la violencia. Es respeto por la vida. Mahatma Gandhi renovó el ideal y uso de *ahimsa* en el sentido de la no violencia aplicándolo a todas las parcelas de la vida, incluida la política. *Ahimsa* en el estilo de vida es no ser violento con los otros seres vivos; por tanto, es ser vegetariano. Se vive la compasión hacia los animales, contribuyendo a su vida y no a su matanza. A nivel relacional, es tratar al otro como te gustaría que te tratara a ti, no hacer a otros lo que no te gustaría que te hicieran, esta es la regla de oro que se encuentra en todas las grandes religiones y que supone tener empatía y compasión.

La compasión es una característica innata de la persona cuando está conectada con su núcleo positivo, con el amor que es. Las personas se sienten realizadas cuando se dan al otro, lo acompañan, lo ayudan, le inspiran, y esto les hace sentir que su vida es útil y tiene sentido. La compasión nos abre al otro, y en la apertura conectamos y nos sentimos uno con el otro. No es fácil porque siempre vamos a la búsqueda del placer. Aceptamos y buscamos el placer y las experiencias bellas. Tenemos un mecanismo arraigado en nosotros que nos hace rechazar y huir de las experiencias feas y dolorosas. Tratamos de evitar el odio, la aversión, la ira y la codicia. Estas emociones son compulsivas, y cuando nos invaden, atrapan nuestra mente y nuestro corazón, encerrándonos en una prisión de sufrimiento que asciende en escalada. Si están en ti, no se trata de evitarlas ni de huir de ellas, sino de dirigir la compasión hacia ti mismo, de que tu ser compasivo dirija su mirada hacia tu ser resentido y enrabiado. Meditar te ayuda a asentarte en tu núcleo sano y a conectar con ser compasión y, desde el ser, dialogar, abrazar y acoger tu otra dimensión resentida.

Para la práctica puedes meditar asentado en tu núcleo sano, en tu ser compasivo y dejar que la experiencia sea la que es. Se trata de ser capaz de ver la emoción con claridad, permitirte sentirla, no analizarla ni sentirte mal por sentirla. No es necesario darle vueltas. Se trata de confiar en lo que sientes y darte cuenta de cómo tú mismo sales de ese sentir negativo cuando no le das vueltas ni lo alimentas con tus pensamientos. Todo lo que está puede estar. Con la práctica de la meditación, desarrollas un estado de quietud interior que te permite percibir lo que sientes sin alterarte ni juzgar. Aplicas la compasión y la ecuanimidad, siendo capaz de encontrar la paz en medio de la tormenta.

PRÁCTICA DE MEDITACIÓN
Puedes practicar la meditación «La compasión» que encontrarás en la página 286.

La confianza

Para salir de la referencia del yo y pasar a la referencia del tú, del ser relacional, es importante transformar el miedo en confianza. El miedo te aísla, te separa y te debilita al provocar en ti una inseguridad que puede llegar a paralizarte, a no tomar decisiones, a no actuar y a no avanzar. El miedo surge de la referencia del yo egocéntrico. El ego teme morir, teme perder su identidad y dejar de existir. Cuando el miedo se apodera de ti, te encoges y tu potencial queda disminuido. «Tienes miedo de lo que es —afirma Nisargadatta—. Tu destino es la totalidad.

Pero tienes miedo de perder tu identidad. Esto es infantilismo: aferrarse a los juguetes, a tus deseos y tus miedos, a tus opiniones y tus ideas. Abandona todo eso y estate preparado para que lo real se muestre a sí mismo.»[49] Confía en ti, en Dios, en el otro, en el camino y en el proceso que estás viviendo. También es importante confiar en las fuentes vitales propias y no estar tan pendiente de la opinión de los demás acerca de ti. Desarrollas confianza cuando te conoces más y mejor.

«En la actualidad, nuestra confianza en nosotros mismos es insegura –escribe Main–. Tendemos más bien a creer que hemos desatado fuerzas que ya no controlamos y hemos explotado los recursos naturales de la Tierra tan desenfrenadamente que corremos el peligro de agotarlos cuando crezcan nuestros nietos. Sin embargo, la causa principal de nuestra confusión y alienación radica en que hemos perdido el apoyo de una fe común en la bondad fundamental, en el carácter razonable y la integridad personal de la humanidad, de hecho, hemos perdido el apoyo de toda fe. Lo que compartimos son los reproches, las protestas, las quejas contra algo, rara vez un testimonio a favor de algo. No obstante, resulta posible disfrutar de una unidad más profunda y valiosa, enraizada en la percepción común del potencial del espíritu humano, más que en las limitaciones de la vida.»[50]

Confía que en tu interior eres un núcleo sano por medio del cual no solo puedes llegar a saber quién eres, sino también puedes saber quién eres en Dios, quién es Dios en ti, y sentirlo y sentir su amor incondicional.

PRÁCTICA DE MEDITACIÓN

Puedes practicar la meditación «La confianza» que encontrarás en la página 288.

13. La ofrenda

Vivir un sueño III

«Si la entrega ha sido completa y sin motivos, logramos la destrucción del no-ser. Si se lleva a cabo buscando la gracia o la realización del Ser, no será más que una entrega parcial, como una transacción comercial, en la cual el "pensamiento-yo" hace un esfuerzo esperando obtener una recompensa.»[51]

RAMANA MAHARSHI

¿A qué y a quién dedicamos nuestro tiempo? Cuando decidimos meditar, nos disponemos a dedicar un tiempo para ello. Es un tiempo que nos ofrecemos y en el que podemos ofrecernos a Dios, al Tú eterno. Al disponernos a orar, nos aseguramos de ofrendar nuestro tiempo meditativo conscientes de la necesidad de salir de la referencia del yo. Al sentarme a meditar, primero ofrezco ese tiempo a Dios. Medito y estoy aquí para Ti, por Ti. Para el Tú eterno, para Dios, para el Universo, para el Todo, para Eso que me trasciende. En esa ofrenda, Dios deviene éxtasis de amor. Entregándose a Él, uno vuelve a sí mismo. «Los seres humanos han llamado a su Tú eterno con muchos nombres. [...] Todos los nombres de Dios son glorificados, porque en ellos no solo se ha hablado de Dios, sino también a Dios.»[52] Según el filósofo Buber, usar el vocablo

Dios es indispensable, precisamente porque se ha abusado mucho de él. «Quien pronuncia el vocablo Dios y tiene realmente al Tú en el pensamiento se dirige –cualquiera que sea la ilusión en que esté confundido– al verdadero Tú de su vida, que no podría ser limitado por ningún otro Tú, y con el cual está en una relación que incluye todas las otras.

»Pero también se dirige a Dios el que aborrece ese nombre y se imagina sin Dios, si con todo su ser entregado se dirige al Tú de su vida, en cuanto Tú que no podría ser limitado por ningún otro.»[53]

Cuando la ofrenda de nuestro tiempo al Tú es eso, una ofrenda, entonces no hay deseo de inmediatez ni una dependencia en los resultados. Nos sentamos a meditar entregándonos a la experiencia y permitiendo que suceda. Es decir, no es que tengamos que hacer algo sino que dejamos que ocurra. Es una renuncia a la acción desde la convicción y la confianza de que en nuestro interior anida un poder curativo, una fuerza vital, que se manifiesta por sí sola en la quietud.

En el capítulo 12 hemos visto cómo el maestro budista Thich Nhat Hanh nos aconseja entrar en la conciencia del Tú a través del interser. En el cristianismo también tenemos prácticas, ceremonias y pasajes de la Biblia que nos invitan a salir de la referencia del yo para volverse uno hacia el Tú. A través de la eucaristía, de la alabanza de Cristo y de la actitud de cumplir la voluntad del Padre, se pone a Dios en el centro y se transmite la importancia de centrarse en el encuentro con el Tú. La referencia al Tú se refleja en el volverse hacia Dios. En la oración principal que enseñó Jesús, el padrenuestro, el yo casi no existe. Hagamos un repaso frase por frase de esta oración:

Padre nuestro, no padre mío, es nuestro padre. Nuestro, referido al pueblo, a la sociedad, al mundo. ¿Qué seríamos sin pueblo, sin lengua y sin cultura? Iniciamos la oración siendo conscientes del Tú eterno que pertenece al nosotros. Soy y somos gracias a que otros son.

Que estás en el cielo. Es inmenso, universal y todo lo abarca.

Santificado sea tu nombre. No mi nombre. Santificado, ya que está en la esfera de lo divino. La frase dice: Sea. Es decir, el sujeto es Dios. Manifiéstate ante nuestros ojos. Renunciamos a nuestro honor, al honor del yo, ante la alabanza de Dios.

Venga a nosotros tu reino. No mi reino. Entiéndase el reino como sociedad organizada. El anhelo de la existencia en un reino donde todos fuésemos iguales, pero distintos. Es una invitación a vislumbrar un cielo nuevo y una tierra nueva.

Hágase tu voluntad aquí en la tierra como en el cielo. No mi voluntad. En el cielo, las cosas funcionan. Los astros se rigen por leyes universales. El problema está aquí, en la tierra. Pedimos vivir la unidad en la diversidad, y vivir según Tú voluntad. Entregados al Tú, dejamos que las cosas fluyan. Nos volvemos hacia el Tú cuyo plan es mayor que nuestros pequeños planes. No queremos que nuestra voluntad sea llevada por deseos y recuerdos, sino por la voluntad del Tú, de la conciencia universal.

Nuestro pan de cada día, dánosle hoy. Danos el pan que nos haga realmente vivir. Es la petición del maná, de «eso» que sabe a paraíso. Anhelamos aquello que realmente nos alimente. Danos lo que nos da vida y que nos haga vivir.

Perdónanos nuestras deudas como nosotros perdonamos a nuestros deudores. Mateo lo escribe así: perdona nuestras ofensas como también nosotros perdonamos a los que nos ofenden (Mateo 6, 12). Nos invita a ir por el mundo con los ojos bien abiertos. No hay nada irremediable, no hay nada que no se pueda corregir. Como tú, nosotros perdonamos, o al menos deberíamos perdonar.

No nos dejes caer en la tentación. Es la prueba, el examen, que se nos presenta a diario de caer en la tentación que atrae y atrapa a aquel que vive en la referencia del yo.

Mas líbranos del mal, del maligno. Es decir, nuestra fuerza eres Tú.

Esta oración es una petición y al mismo tiempo es una entrega al Tú eterno. Jesús dijo: «Pedid y se os dará, buscad y encontraréis, llamad y os abrirán. Pues quien pide recibe, quien busca encuentra, a quien llama le abren» (Lucas 11, 9-10). «Pues si vosotros, que sois malos, sabéis dar cosas buenas a vuestros hijos, cuánto más vuestro Padre del cielo dará Espíritu Santo a quienes lo pidan» (Lucas 11, 13).

Quien pide, en la conciencia del ser relacional y del Tú eterno, recibirá. La ley mental de la atracción nos indica la fuerza que tienen nuestros pensamientos y peticiones. La indagación apreciativa nos confirma el poder de las imágenes guía, que nos ayudan a atraer hacia nosotros aquello que más anhelamos. La diferencia está entre el deseo del yo que atrae hacia sí según sus pensamientos y deseos, y el yo que se entrega al Tú y deja que la voluntad del Tú eterno se manifieste.

Es posible que uno no se sienta atraído por la idea de entregar su tiempo de meditación a Dios. En este caso, puede dedicar su tiempo de meditación al Amor que se manifiesta en las diferentes relaciones o en alguna relación en concreto. Dado que, como afirma Buber, «las líneas de las relaciones, prolongadas, se encuentran en el Tú eterno. Cada Tú singular es una mirada hacia el Tú eterno».[54]

En la ofrenda del tiempo meditativo, en el fondo estás soltando la necesidad de controlar, la necesidad de que las situaciones sean de una manera u otra, de que tu yo siga interfiriendo en el fluir de tu vida planificando, rechazando, quejándose, criticando o lamentándose.

En la ofrenda de nuestro tiempo al Tú, puede darse el aburrimiento cuando sentimos que no pasa nada. Cuando experimentamos que la quietud no nos lleva a nada culminante, no nos frustramos si sentimos que la meditación no ha ido bien o si sentimos que no ha pasado nada, más que el tiempo. Estamos tan acostumbrados al entretenimiento y a la distracción que podemos aburrirnos. En ese caso, observa el aburrimiento. Date cuenta de tu deseo de que pase algo interesante. Entrega ese deseo. Una vez entregado, lo sueltas. El deseo puede interferir e incluso bloquear la percepción. Se trata de «estar presente para Dios, sin deseos, sin preocupaciones, sin metas, sin propósitos, libres de todo otro interés, pensamiento y actividad. El que puede estar así puede estar para Dios y puede estar para el prójimo, porque ambas relaciones son una sola. En cambio, el que no puede distanciarse de sus deseos, sus preocupaciones, sus metas, sus problemas, sus opiniones y su sed de actividad, no puede reunirse con Dios ni con su semejante».[55]

PRÁCTICA DE MEDITACIÓN
Puedes practicar la meditación «La ofrenda»
que encontrarás en la página 290.

14. La relación con el mundo. Vaciarse

Vaciarse

«Se necesita mucho silencio interior para tener más percepción de Dios. (...)

Solo aquellos que están totalmente vacíos pueden reconocer la presencia de Dios. (...) Solo cuando nos hayamos despojado de todo lo que no es esencial, puede manifestarse lo que sí es.»[56]

Franz Jálics

Hemos visto en las etapas anteriores cómo nuestra relación con las otras personas incide directamente en nuestra experiencia meditativa. Ahora vamos a ver cómo nuestra relación con el mundo tiene también una influencia directa en nuestro ser y estar en la meditación. Si uno considera el mundo como un lugar de lucha y desesperación, un lugar de desasosiego y de sufrimiento constante, puede tener la tendencia de querer huir del mundo, de esconderse, de darle la espalda o bien de sentirse indiferente, con la actitud de «me da igual». Entrar en la meditación desde el rechazo a la vida y al mundo no es la mejor actitud para fortalecerse y poder vivir en armonía en y con el mundo. El no establecer una relación positiva con el mundo incide en que uno no pueda despertar todo su potencial vital para afrontar, para ser proactivo y, en definitiva, para vivir en el mundo desde la conciencia de abundancia que te permite solucionar, encontrar vías para avanzar y para comunicarte.

Cuando estamos agotados, ya sea por las presiones diarias o por nuestras luchas y responsabilidades, es bueno retirarse unos días, desconectar del mundo para reconectar con nuestra vitalidad y nuestro núcleo sano. Es un desvincularse temporalmente para darse un respiro y regresar con energías renovadas. Es retirarse desde la afirmación de la vida, no desde el rechazo o aborrecimiento del mundo.

Cuando uno afirma la vida, crecen el amor y la pasión por ella y por el mundo. Meditar desde la afirmación de la vida y del amor nos lleva a espacios de alteridad y trascendencia muy diferentes a aquellos que alcanzamos si meditamos desde un espacio interior de rechazo e indiferencia. «La contemplación acontece cuando la persona deja de estar a la defensiva o a la ofensiva frente a un objeto o a otro sujeto y se abre plenamente en actitud admirativa y de ofrenda. Ya no hay otredad, sino mismidad.»[57] La persona se siente una con el otro.

A la luz de lo divino y trascendente, el mundo se vive como un lugar de peregrinaje. Al ser conscientes de que nos encontramos aquí pasajeramente, no nos apegamos a los objetos, ni tenemos afán de acumular por acumular. Establecemos una relación con el mundo en la que somos respetuosos con el entorno sin generar una dependencia nociva que nos provoque temor. La conciencia de posesión trae consigo el miedo a perder aquello que poseemos. Aprendamos a hacer uso de las cosas del mundo sin aferrarnos a ellas. Así vivimos la ecuanimidad y la estabilidad interior. Al vivir la ecuanimidad no nos desestabilizan la atracción ni el rechazo, el éxito ni el fracaso, la alabanza ni la crítica.

El encuentro del joven rico con Jesús es un ejemplo de la importancia de priorizar y saber vivir desde el no aferramiento. Un joven rico quiere la vida eterna, y va al encuentro de Jesús. Se arrodilla ante él y le pregunta qué debe hacer para heredar la vida eterna (Marcos 10, 17-23, también en Mateo 19, 16-30 y en Lucas 18, 18-30). Jesús le pregunta si conoce los mandamientos, y le especifica algunos: no matarás, no cometerás adulterio, no robarás, no perjurarás, no defraudarás, honrarás a tu padre y a tu madre. Él contesta: «Maestro, todo eso lo he cumplido desde la adolescencia». Ante lo cual, Jesús lo mira con cariño y le dice: «Una cosa te falta: anda, vende cuanto tienes y dáselo a los pobres y tendrás un tesoro en el cielo. Después vente conmigo». Al oírlo, el joven se marchó triste y con el corazón encogido, pues era muy rico.

El hombre fue a Jesús con anhelo de vida eterna, y Jesús le expuso algunos mandamientos que forman parte de la regla de oro que consiste en amar al prójimo y amar a Dios, como deseamos ser amados. Los mandamientos son reglas para vivir con sensatez en este mundo. Todas las religiones proponen una serie de pautas para convivir en armonía en las relaciones y con el mundo.

El joven no se quedó satisfecho con la primera respuesta que le dio Jesús, ya que intuitivamente percibía que podía haber algo más profundo. Buscaba una forma más radical de amor divino. Jesús entonces le ofrece más y le pide más, diciéndole que venda todas sus propiedades. Es una invitación al vacío, a soltar sus puntos de apoyo en este mundo terrenal, a lograr la posibilidad de realizarse de una manera que no puede alcanzarse más que mediante la renuncia, que consiste en vivir en Su presencia y dejarse llevar por Él, pasando de la pobreza a la riqueza interior, de la nada a la plenitud, de la referencia del yo a la referencia del Tú.

No es una cuestión de que ahora todos vendamos nuestras pertenencias, las entreguemos a los pobres y sigamos a Dios. Seguir a Dios sí, en el sentido de vivir a Dios en nosotros. Y sí, aprendamos a hacer uso de las cosas del mundo sin aferrarnos a ellas. Es una invitación a desaferrarse de las posesiones. A ser conscientes de que estamos de paso. Vinimos desnudos al mundo y nos iremos desnudos y sin nada. La muerte es una invitación a soltar, a vaciarnos y a irnos. Hasta que incluso soltamos el cuerpo. Lo que irá con nosotros es el Yo-Tú, el Yo relacional. La invitación de Jesús es una invitación a despojarse de lo que no es esencial. Cuando estamos atiborrados de objetos, situaciones, preocupaciones y ruidos, es difícil distinguir lo que es primordial.

Se hace necesario desprenderse de todo apego a lo que no es sustancial, es entonces cuando puede manifestarse lo que sí lo es. Si internamente te desprendes de todo lo que no es esencial, das espacio. La vivencia del vacío te llevará a perspectivas nuevas mediante la renuncia, el soltar y el dejar ir. Practica el dejar ir para dejar llegar. Se trata de vivir un vacío en la presencia del Tú eterno. En la Presencia, el vacío es plenitud.

El vacío no es algo nuevo que nunca hayas experimentado. Cualquier decisión confronta a la persona con un relativo vacío. Elegir supone renunciar a aquello que no se elige. De hecho, la dificultad de decidir no reside tanto en elegir, sino en renunciar, en dejar atrás algo que uno tenía o en no explorar ciertos caminos al decidir recorrer uno en concreto. Ocurre a menudo que uno no desea renunciar a ninguna de las alternativas.

En cada elección hay también una pérdida, un vacío. Eliges y te vacías de lo otro. Por ejemplo, eliges casarte y renuncias a otros u otras; eliges tener hijos y dejas a un lado otros proyectos; los hijos se van al hacerse mayores, y dejan un vacío en casa. El apego con el que los padres retienen a sus hijos es una muestra de la dificultad de sobrellevar el vacío. La jubilación supone otro vacío, dejas atrás lo que has estado haciendo durante años. La muerte, a la vista, es el mayor vacío. Si eres consciente de todos los vacíos que ya has vivido, sea por separaciones, por muertes de seres queridos o por otras causas, te será más fácil comprender la vivencia del vacío. Vivir el vacío de las etapas te hace más fácil vivir el vacío del instante y la plenitud del siguiente instante. La libertad es acomodarte a ello, a los vacíos, y a no resistirte al abismo que a veces suponen.

En la práctica de la meditación contemplativa vivimos un proceso de vaciarnos voluntariamente. Lo hacemos conscientes de que el vacío es necesario para penetrar en el silencio y que el silencio nos penetre. Las manifestaciones de vaciarse son la alegría, la vida sencilla y la aceptación de lo que es.

En las relaciones escuchar plenamente implica vaciarte de ti para llenarte del otro. Al acompañar al otro, te vacías de ti para que tu presencia, percepción y escucha sean completas. Al vaciarte, encuentras la quietud, o más bien la quietud te encuentra a ti, y vives la presencia de Dios. Te vacías de ti y eres instrumento de Dios, sientes la presencia del Tú eterno en ti.

Se trata de vaciarse también de intereses personales. Si uno no se vacía de ellos, ocurre que utiliza al otro o al grupo para sus propios fines. Hay algunos denominados maestros que han utilizado a sus discípulos para sus propios placeres o su propio enriquecimiento personal. El maestro verdadero se vacía de sí mismo para ser servidor, no para convertirse en rey. Jesús les dijo a sus discípulos cuando surgió una disputa entre ellos sobre quién se consideraba el más importante: «El más importante entre vosotros que sea como el más joven y el que manda como el que sirve» (Lucas 22, 26). Les instruyó para que fueran guías servidores del pueblo de Israel.

Entregas y te entregas para vaciarte y para que se transforme lo que se entrega. Te vacías de ti, y Dios vive en ti. Te vacías de deseos, actividades, proyectos, imágenes y representaciones. Entonces eres capaz de recibir al otro tal cual es, de recibir a Dios sin imágenes preconcebidas.

El vacío nos permite permanecer en lo que siempre está presente. Nos centramos en el presente. Soltamos pensamientos y sentimientos, y experimentamos una percepción limpia.

Percibimos el flujo de energía y de vida que fluye en nosotros. Sentimos un campo unificado en el que lo exterior y lo interior forman una unidad, un Todo. La mente se ha vaciado y uno está en receptividad pura. Cuando soy en ese estado, vivo lo que es en toda su vitalidad. Es un vacío lleno de vida.

PRÁCTICA DE MEDITACIÓN
Puedes practicar la meditación «Vaciarse» que encontrarás en la página 292.

15. El núcleo sano tras los estratos oscuros

Núcleo sano

«Cada uno de nosotros tiene un núcleo sano en su interior. En él está entero y está sano, tiene conciencia de que Dios lo ama y lo contiene.»[58]

FRANZ JÁLICS

Hasta aquí hemos visto la importancia de pasar de la referencia del yo a la referencia del Tú, y de vaciarnos de apegos a aspectos y cosas externas. Vamos a ver ahora la importancia de conocerse a uno mismo y de ser uno mismo, y la necesidad de dejar de ser quien no somos. Recordemos las palabras de Ramana Maharshi: «Lo único que se requiere es dejar la percepción de lo no verdadero como verdadero. Solamente tenemos que dejar dicha práctica. Entonces realizaremos el Ser como el Ser, es decir "ser el Ser"».[59] Meditar es un ejercicio diario y deliberado que nos permite discernir entre lo verdadero y lo falso, y nos da la claridad y el empuje necesarios para renunciar a lo falso, para despojarnos de capas que son creaciones ilusorias de la mente, para disolver creencias limitantes.

En nuestro espacio interno palpita un núcleo sano que está lleno de vida y de virtudes. A este núcleo me refiero como el núcleo sano, positivo y vital, indistintamente. Ser y estar en el corazón de tu ser es estar en tu centro, en tu eje y vivir y sentir tu núcleo vital, denominado en la indagación apreciativa como el *positive core* o núcleo positivo. Para John Main, es el núcleo creativo. «La tarea que tenemos por delante consiste en regresar a nuestro núcleo creativo, allí donde se llega a la plenitud y la armonía, en morar en nuestro interior, abandonando todas las imágenes equivocadas de nosotros mismos como puede ser aquello que creemos ser o haber sido, porque tales cosas poseen una existencia irreal. Si permanecemos en nosotros con esa honestidad y sencillez que acaba con las ilusiones, llegaremos a estar siempre en presencia de nuestro Creador.»[60]

Este núcleo creativo sano es el centro vital de nuestra persona, el que nos hace vibrar con entusiasmo y alegría de vivir y nos abre a nuestro pleno potencial. El núcleo positivo está formado por nuestros valores como son entre otros el amor, la paz, la libertad y la autenticidad. Cuando vivimos en y desde nuestro núcleo sano, desarrollamos nuestras competencias, habilidades, talentos, capacidad creativa, fortalezas y potencial. En todo ello irradiamos la belleza de nuestro ser, de nuestro núcleo sano. Es un núcleo que crece, florece, se expande y encuentra sentido en las relaciones, al darse y al compartir. Si uno se lo queda para sí mismo, la persona se marchita y deja de brillar. El núcleo sano contiene el amor y nuestra capacidad de amar. Es lo que anhelamos vivir, lo que más buscamos, y ya está en nuestro interior. Cuando vives en tu núcleo vital, accedes a tu capacidad curativa y creativa, y la expandes.

Metafóricamente, podríamos decir que el núcleo positivo es la semilla que se convierte en la savia que da vida a todo sistema vivo, es la sangre que circula por el cuerpo del sistema de nuestras relaciones e interacciones. Con la indagación apreciativa detectamos lo que forma parte de la savia, de la sangre, que alimenta nuestros órganos, dándonos vida y nutriéndonos. También lo vivimos con la meditación contemplativa.

Para ser nosotros mismos, debemos conocer nuestro núcleo sano. Es lo que nos nutre y da vida, lo que nos mueve y motiva. Es el núcleo sano, reflejo de haber sido creados a imagen y semejanza de Dios. Al vivir, el núcleo sano aflora la belleza, la bondad y la verdad del Ser.

Con el tiempo y las experiencias negativas, el núcleo sano ha sido recubierto por uno o más estratos oscuros. Son nuestras sombras o aspectos que nos apagan, deprimen e incluso nos paralizan. Podríamos decir que el núcleo vital nos llena de esperanza, en cambio cuando vivimos en nuestras sombras nos desesperamos, angustiamos y encerramos. Incluso podemos llegar a ser agresivos con nosotros mismos.

Cuando esto te ocurre, te enclaustras en tu pequeño mundo en el cual tu percepción se vuelve borrosa, te has desconectado de tu núcleo vital. Entonces te preguntas: ¿Qué debería hacer en esta situación, según los demás? ¿Qué esperarían mis padres, mi pareja, mis hijos, mis maestros o mi cultura que hiciera? Actúas según pautas de conducta que de alguna forma te son impuestas. Esto no significa necesariamente que en todos los casos actúes de acuerdo con las opiniones de otros. No obstante, cuando te desconectas de tu núcleo vital y tu percepción se nubla, actúas según las expectativas ajenas, a menudo introyectadas.

Cuando logras de nuevo conectar con tu núcleo positivo, vives en relación con la constante expansión de tu espacio vital, y tus preguntas cambian. Estás más contigo mismo y te planteas: ¿Cómo experimento esto? ¿Qué significa para mí? ¿Qué es lo que creo que debería hacer? De plantearte qué estarían esperando los demás de ti has transitado y llegado a plantearte qué esperas tú. Y decides desde tu centro, teniendo en cuenta al otro, pero sin ser asfixiado por él. Eres tú mismo y brillas con todo tu potencial de belleza, paz, amor, ternura, dignidad, serenidad, libertad y poder interior. Siendo consciente de tu ser auténtico, estás conectado con tus cualidades, con tu núcleo vital y los pensamientos que creas desde esa conciencia son generativos y te conectan con el otro, con la naturaleza y con el Todo. Te sientes alegre, pleno, tranquilo, valiente, abierto y confiado.

Tenemos una gran riqueza interior, un manantial pleno de valores, de potencial, de talento y de virtudes. Al conectar con nuestro núcleo sano, permitimos y acompañamos a otros a conectar con el suyo. Desde ahí brillamos y emerge todo nuestro ser amoroso, compasivo y cuidador, y al relacionarnos florecemos juntos. Nuestro núcleo sano es nuestra naturaleza básica, que es abierta, clara y compasiva. En nuestro ser están las semillas de estas cualidades y podemos compartirlas. Al ofrecérnoslas unos a otros, nos ayudamos mutuamente a conectar con nuestra riqueza interior, con el núcleo vital.

El núcleo sano y positivo de todos es similar. No hay unos que lo tengan mejor que otros, sino más bien lo que nos diferencia es la intención con la que actuamos, la capacidad de expresarlo en el mundo y nuestra inteligencia apreciativa para hacerlo crecer y expandir. La esencia del núcleo vital nos vincula porque es nuestra conexión con la vida y porque surge del Tú supremo, de la conciencia universal. Sin embargo, algunos lo tienen más oculto que otros. Su envoltura es más gruesa.

Cuando el núcleo vital es tu punto de referencia, puedes cuidarte y cuidar mejor a los demás. Te vuelves apreciativo. Aprecias aspectos del otro como por ejemplo el estilo de comunicación, lo que te hacen sentir y sus cualidades personales. Te acercas al otro y permites que el otro se acerque más a ti. Estás más disponible. No te dominan los celos ni te haces dependiente. Vivir en tu núcleo vital te da autonomía emocional. A lo largo del día es importante indagar y explorar tu experiencia, para hacerte amigo de ti mismo y para reconectar con tu núcleo sano. Cuando vives en tu núcleo vital, te abres fácilmente, y en la apertura vives el gozo de existir, de expresarte y de ser y estar con el otro.

Cuando estás teniendo un pensamiento inútil o negativo que te desconecta de tu núcleo sano, si prestas atención, puedes redirigir tus pensamientos o sustituirlos por otros más acordes al momento presente: puedes percibir que estás aquí ahora, y salir de suposiciones sobre el pasado o el futuro. Sin embargo, redirigir el pensamiento canalizándolo en una dirección constructiva no es suficiente para cambiar los hábitos que surgen de lo que hay registrado en la memoria, de las experiencias que has vivido y de los estratos oscuros que has creado. Son recuerdos que están ahí grabados y condicionan o influyen en nuestras reacciones y respuestas. Es posible que hayan generado tendencias al miedo, a la depresión, a las fobias, o que hayan creado hábitos que te debilitan como persona porque encierran tu núcleo sano envolviéndolo con un estrato oscuro y con una coraza.

Para acceder al mundo interno más profundo, a tu núcleo sano, necesitas sentir, visualizar y vivir tu ser libre de todas esas cargas. Necesitas eliminar y purificar todo cuanto es extraño a tu naturaleza. Es como volver a nacer. Mi experiencia en los cuarenta y cuatro años que llevo practicando la meditación y trabajando en todos estos temas es que he vuelto a nacer muchas veces desde 1976, cuando me inicié en la meditación. Cuando uno nace, es como si la pizarra estuviera en blanco, limpia, y hay un entusiasmo y una energía renovadora que brota del interior.

Con las diferentes vivencias que tienes desde la infancia, se van grabando una serie de impresiones en tu memoria y en tu registro interno que te llevan a ser más violento, a tener miedos o a deprimirte; también a sentir seguridad y a confiar en tu capacidad de vivir y lidiar con situaciones imprevistas, a tener una buena o una escasa habilidad comunicativa. Todo eso se va grabando con los años, con la educación que recibes y con las diferentes relaciones, conversaciones y experiencias que vas viviendo. Todo lo que esconde el núcleo sano forma un estrato oscuro. Es el estrato oscuro que nos aleja de Dios y del Reino de Dios que está en nosotros.

El estrato oscuro está formado por lo que podríamos englobar en emociones negativas, como son el miedo, la ira, la rabia, la tristeza, la codicia, la culpa, el resentimiento, etc. Son emociones y sentimientos negativos que nos alejan de Dios y nos cierran. Lo peor es que no solo nos separan de las otras personas, sino que también nos separan de nuestro ser, dificultándonos el acceso a nuestro núcleo sano y positivo. Como en general nos cuesta sufrir, construimos un envoltorio para evitar sentir las sombras y emociones negativas, y para no sentir las de los otros. Es una envoltura que se convierte en una coraza, en un muro que nos endurece. Reprimimos nuestros aspectos sombríos desplazándolos hacia el subconsciente, y nos creamos una imagen propia, compuesta únicamente de cualidades positivas.

En cierto sentido, sí que somos un núcleo compuesto de positividad. Pero negando las sombras no podremos desprendernos de ellas. Detrás de la dureza de la envoltura, está el miedo a sufrir. Tampoco se trata de tragárselo todo, desplazarlo o esconderlo, porque con ello evitamos confrontarnos. Lo que ocurre es que huimos del sufrimiento y queremos evadirnos de él. La presión de lo oscuro, de la soledad, la desesperación y el desasosiego hacen que huyamos de ello. Hay personas que se pasan tres o más horas diarias frente al televisor para no sentir la soledad o la desesperación. Otros recurren al cigarrillo, al alcohol o al juego. También hay quienes, para huir de su oscuridad interior, sobrecargan su agenda de actividades, y «tienen que» hacer, hacer y hacer. Cuando la presión de lo oscuro se hace insoportable, se vuelven adictos a la droga, a las pastillas o a las compras impulsivas.

La mayoría de personas atribuyen los sentimientos negativos a circunstancias exteriores, a otras personas y a situaciones, y no se dan cuenta de que los aspectos oscuros provienen de dentro. Las circunstancias más que causas son desencadenantes de los aspectos oscuros. Cuando actuamos desde el estrato oscuro, nos comportamos con impaciencia, rechazo y agresividad, y suele ocurrir que no nos vemos a nosotros mismos, que no somos plenamente conscientes de nuestro comportamiento.

¿De dónde surgen los estratos oscuros? Hemos visto que los estratos oscuros albergan la insatisfacción, la inseguridad, la desilusión, el estrés, la inferioridad, la culpa, la indiferencia, los celos, la vergüenza, el miedo, la codicia, la arrogancia, la lujuria, la pereza, entre otros. Estas tendencias negativas surgen de la ignorancia del yo egocéntrico, del yo centrado en sí mismo que no tiene en cuenta al otro, del yo que no es el Ser. Nos alejan de nuestro núcleo sano, de nuestra divinidad, y por tanto nos alejan del otro y del Tú eterno, de Dios. Nos dificultan la alegría de vivir. Tanto Ramana como Nisargadatta insisten en que lo importante es dejar la práctica de percibir lo no verdadero como verdadero, de identificarnos con lo irreal como si fuera real, con lo falso como si fuera auténtico. Y es que los estratos oscuros son eso, estratos, de los que podemos desprendernos para que brille el Ser real.

Corazón dolido

Estos estados oscuros del yo giran en torno a la referencia del yo. Por ejemplo, la codicia, que significa tener y ser incapaz de desprenderse de la posesión. La persona está entonces con su corazón atado a aquello que considera que posee. O bien el ansia de renombre, es decir, el afán de reconocimiento, de alabanza y de prestigio, de sobresalir y de «ser más» que otro. También el ansia de poder, en la que uno quiere imponer su voluntad sobre la de los otros. Uno mismo está en el centro de sus propios planes. Es ignorancia, estrato oscuro, sombra, pecado, lo que nos separa de Dios y de los seres humanos. Los sentimientos negativos nos separan del Tú eterno y del otro. Según Nisargadatta, «cuando se disuelve la ignorancia, que es la madre del pecado, cesa el impulso de pecar de nuevo. Cuando la ignorancia llega a su fin, todo se acaba. Entonces las cosas se ven tal como son, y son buenas».[61]

¿Qué podemos hacer para disolver estas capas oscuras? Meditar ayuda mucho a limpiar y a reconciliarse con vivencias pasadas. La quietud puede poner en movimiento muchas cosas en el interior. Se trata de contemplar en dirección del núcleo sano y de la presencia de Dios para no desestabilizarse. Ya que ocurre que al ir hacia el núcleo sano atraviesas el estrato oscuro. Entonces pueden emerger diferentes emociones y, por ejemplo, te entran ganas de llorar, te invade una tristeza profunda, sientes culpa o te acuerdas de algo que pasó hace tiempo. Quizá sientes presión por los pensamientos que surgen, y sin darte cuenta pueden ser sustituidos al somatizarlos en dolor de espalda, de cuello, de rodillas o de omoplatos. Tal vez se intensifica el dolor, que se manifiesta en tensión corporal. Bostezas, te sale el llanto, te entra somnolencia, te duermes. Todo ello forma parte del proceso de limpieza interior.

Cuando aparecen partes de tu estrato oscuro, puedes caer en la tentación de querer valorar, sopesar, analizar, deliberar, reflexionar, buscar causas, y por ello sales del estado meditativo y vas a la mente. Trata de mantenerte en la percepción, de vivir en el presente y soportar lo que te llega sin reprimir ni reaccionar. Quizá surge un sufrimiento profundo. Todo lo que está, está bien que esté.

Contemplar es como si limpiáramos y vendáramos la herida. Al contemplar vendamos la herida y, aunque siga doliendo, ya no hemos de ocuparnos de ella. Démosle tiempo y sanará. Recuerda: lo que está, está bien que esté. Venga lo que venga, acéptalo, abrázalo, acógelo y luego entrégalo, suéltalo, deja que la Presencia del Tú eterno lo acoja también. No es necesario que busques las causas. Tolera, perdona y será redimido en la Presencia. Del núcleo sano vendrá a tu encuentro tanta luz, fuerza y energía que hallarás coraje para avanzar.

Al ver lo que emerge, te das cuenta de que quizá es necesario hacer terapia, buscar un acompañamiento espiritual o un *coach*. Si lo que aparece te hace sufrir o te confunde, es bueno hablar con alguien experimentado en vivir la presencia que te pueda acompañar a atravesar las sombras que surgen de ti.

O quizá, para disolver el estrato oscuro, se trata de confiar y abrirte al Tú para entregarlo con determinación, contemplando en dirección del núcleo sano. Con la práctica llegará un momento en que podrás contemplar a Dios, al Ser, y el no-ser quedará disuelto. Te sentirás desapegado frente a lo que ocurre, no desinteresado, sino desapegado; es decir, que no te influirá. Y sentirás lo que afirma Jálics, que «la fuerza del espíritu disipará las tinieblas si permanecemos fielmente en el presente».[62]

Cuando te asientas en tu núcleo sano fluye un río de vida que eres tú. En la práctica, no sientas la presión por rendir. Sé más independiente de los acontecimientos y de los resultados. Disponte a orar en un espacio contemplativo en el que estés plenamente disponible, sin agendas. Disponible para ser y estar en Presencia. Confía. Ama desde un amor puro que no espera nada, como el sol que brilla sin cesar. Disponte a estar en el presente percibiendo. Persiste en contemplar en la dirección del núcleo sano. Tu energía fluye hacia donde pones tu atención. Aquello a lo que le prestas atención crece.

Se trata de llegar a la quietud en la meditación. Para acceder a ella atravesaremos la envoltura, soltando los sentimientos negativos. Al soltarlos se redimen. Si te preguntas de dónde procede eso, ese dolor, esa emoción, sales fuera del espacio contemplativo y recreas el hábito de pensar, analizar y juzgar. Los aspectos sombríos anuncian su presencia para ser redimidos. No reprimas nada de lo que va apareciendo en la meditación. Déjalo ser y déjalo ir.

Dejarlos ir implica no entrar en conversación ni en debate con ellos. Regresa a la respiración y mantente en la percepción. Quizá se intensifique el dolor o se manifieste en tensión corporal. Lo que está, está bien que esté. Mantente percibiendo en dirección al núcleo sano, de donde emana el flujo de vida. Te curarás gracias a la fuerza vital que te ha sido dada. Padeces, soportas y acoges, sabiendo que lo que padeces en la contemplación será redimido. Padecerlo no es aguantarlo, es aceptarlo de manera que no opongas resistencia y se pueda disolver. Las sombras padecidas en la contemplación y en el amor son redimidas y ya no vuelven más. Siempre y cuando las soltemos, y no nos mantengamos atados a ellas. Que no ocurra como cuando quieres ahuyentar a un perro que tienes atado con una cuerda; no hay manera de que se vaya. Lo tienes atado.

Imagínate la energía de la emoción sin la historia que te dices a ti mismo y a otros. Es una energía de una gran vitalidad, que disminuye al añadirle una historia que no te gusta o que te provoca malestar. Si te permites vivirla sin la historia ligada a ella, sentirás una corriente de vida que te mueve, y te será fácil dejarla ir. Suelta.

Cuando dejamos de dedicar tiempo a evitar cómo nos sentimos, tenemos mayor vitalidad y claridad. Dejamos de invertir en defendernos y en ponernos corazas. Es como una bocanada de aire que viene y luego se va. No nos vamos con ella, sino que permanecemos en nuestro ser, en nuestro núcleo sano.

PRÁCTICA DE MEDITACIÓN
Puedes practicar la meditación «El núcleo sano
y los estratos oscuros» que encontrarás en la página 294.

PRÁCTICA CREATIVA
Encontrar tu afirmación como puente hacia tu centro.
Práctica creativa para atravesar las capas de tu ser.

Ten a mano lápices de colores y papel blanco. Vamos a dibujar nuestro núcleo sano, el estrato oscuro y la coraza. En primer lugar, piensa y recuerda un momento de plenitud en tu vida. Un momento en el que te sentías pleno, pletórico, feliz. Recuérdalo. ¿Qué sentías? ¿Qué fluía en ti y de ti? ¿Qué valores, puntos fuertes, vivencias llenaban tu ser en ese momento? Tus respuestas están en línea con lo que configura tu núcleo sano. Dibuja un círculo y en su interior pon la imagen o las imágenes y la(s) palabra(s) que resumen el sentir, el valor, el eje de ese momento de plenitud. Quizá fue un amor incondicional o una sensación de libertad; quizá viviste tu poder personal al lograr algo o sentiste una gran paz y armonía. Quizá sentiste comunión con la naturaleza, con el universo, con el Todo. Fuera lo que fuera lo que provocó esa experiencia, céntrate en los valores, los sentimientos profundos que fluyeron en ti. Quizá nació tu primer hijo y sentiste un amor incondicional o el gozo de vivir. Entonces anota en el centro del círculo: amor incondicional, gozo. Una vez que has dibujado y rellenado el círculo representando tu núcleo sano, dibuja otro círculo mayor alrededor para representar el estrato oscuro: tus flaquezas, las emociones que te ensombrecen, que te hacen entrar en una espiral hacia abajo; aquello que para ti es negativo, te separa y aísla, la tristeza, la rabia, el odio, el miedo, la depresión, el rechazo, la codicia, la avaricia, los celos, la culpa o la vergüenza, entre otras. Alrededor de este círculo dibujas un círculo exterior que representa el envoltorio, la coraza. Es una coraza que puede estar constituida por el querer quedar bien, por complacer a otro, por una actitud de «no pasa nada» o «me da igual», por apatía, etc. Quizá es la imagen que quieres proyectar en el exterior y para los otros.

Observa tu dibujo. Recuerda qué te ha ayudado cuando has accedido a tu núcleo sano.

Puedes encontrar unas rendijas, unas aberturas, por las que entra la luz al núcleo sano y se manifieste la energía del núcleo sano atravesando el estrato oscuro. Son aberturas que te ayudan a acceder a ti, a tu Ser real, sano, luminoso y auténtico. Busca afirmaciones que sean como llaves que abren camino hacia tu núcleo de vida. Por ejemplo:

✧ Soy Amor.
✧ Perdono y me perdono.
✧ Me libero y accedo a mi ser.
✧ Dios, la vida, el amor, me aceptan como soy.

Puedes utilizar estas afirmaciones o las que tú mismo crees y te sirvan como aberturas hacia tu núcleo sano, como mantras; es decir, como frases que luego podrás repetir, visualizar, sentir, vivir en la meditación.

16. Ábrete, abraza y libérate

Ábrete, abraza, libérate

> «Abandona tu apego a lo irreal, y lo real surgirá
> por sí mismo, rápida y suavemente.»
>
> NISARGADATTA

En las etapas anteriores nos despojamos de lo que no es esencial. Practicamos el desprendernos y vaciarnos de todo lo externo que no es primordial. Nos centramos en vaciarnos, en soltar y en dejar ir conceptos, ideas y pensamientos sobre situaciones y personas. Dejamos de debatir internamente. Contemplamos en dirección del núcleo sano.

En esta etapa, una vez que hemos entendido que nuestro núcleo sano está recubierto de capas oscuras, de sombras y de alguna coraza, nos disponemos a vivir un vacío más profundo. Un vacío desde dentro. Un vacío que a veces se consigue solo después de padecer dolor y sufrimiento. En otras ocasiones se atraviesa el sufrimiento y el vacío con la experiencia de la gracia divina y del gozo. Este vacío puede ser como una travesía, en la que uno va desprendiéndose paso a paso y va desapegándose de lo irreal. «Abandona tu apego a lo irreal, y lo real surgirá por sí mismo, rápida y suavemente. Deja de imaginarte que eres o que haces esto o lo otro, y la comprensión de que tú eres la fuente y el corazón de todo surgirá en ti. Con ello llegará un gran amor que no es elección o predilección, ni apego, sino un poder que hace todas las cosas dignas de amor y adorables.»[63]

Démosle la oportunidad al «yo soy», a nuestro ser real, para que se manifieste. Dar esta oportunidad puede implicar despojarnos de lo que no necesitamos. Como cuando la serpiente necesita darle la oportunidad a la nueva piel para que surja, tiene que desprenderse de su piel vieja y escoge transitar entre dos piedras cercanas que le aprieten, le rasquen y le ayuden a deshacerse de su piel vieja. Ese tránsito le provoca dolor, pero le ayuda a soltar lo viejo para dar lugar a lo nuevo. Es como un parto en el que se atraviesa un pequeño espacio para dar nacimiento a una nueva criatura. Es el final de un proceso y el inicio de otro. En ese tránsito sufrimos. Si nos resistimos a atravesarlo, nuestro sufrimiento incrementa, pues no soltamos lo viejo, que ya no nos aporta nada, ni damos espacio a lo nuevo que quiere nacer. Es el final de un proceso porque estamos disolviendo el estrato oscuro, que es el que nos causa sufrimiento, y es el inicio de vivir plenamente desde el núcleo sano. Puede ser un proceso doloroso porque nos hemos identificado con nuestro estrato oscuro, y al disolverse es como si parte de aquello a lo que nos hemos identificado y hemos considerado como nuestra identidad se estuviera muriendo.

Para desprendernos de nuestras «pieles viejas», de rencores escondidos, de tristezas anquilosadas, debemos primero reconocer que están ahí, en nuestro interior. Debemos reconocerlas y aceptarlas, ya que, de otra forma, desde el rechazo o dándoles la espalda, no nos desprenderemos de ellas. Es necesario abrazar el sufrimiento y mirarlo para soltarlo. Al permitirnos ver el dolor encallado en nuestro interior, seremos capaces de desarrollar la compasión. Encontraremos vías para salir del sufrimiento acogiéndolo, no negándolo ni huyendo de él. El sufrimiento puede tener poder terapéutico y abrirnos los ojos para ver con mayor claridad lo que está ocurriendo. Sin embargo, sufrir demasiado puede minimizar nuestra capacidad de amar. Por esto es importante conectar con lo que nos da vida y nos hace florecer, para que el sufrimiento no nos hunda.

En el capítulo 15, «El núcleo sano tras los estratos oscuros», hablo de cómo con la meditación se puede redimir el sufrimiento. De todas maneras quiero aclarar que no se redime y mantienes la herida cuando no perdonas y sigues aferrado a sentimientos de odio, venganza, rabia, rencor o enojo. La falta de perdón te esclaviza a aquello que no perdonas. A ese dolor se suma otro mayor, ya que más doloroso que la herida es el no poder amar a las personas que nos hacen sufrir. No las podemos amar porque no las hemos perdonado. En ocasiones, es a nosotros mismos a quienes debemos perdonar para abrir el canal del amor y que fluya hacia el Ser, hacia los demás y hacia el mundo.

En esta etapa se fortalece nuestra disposición a padecer lo que salga a nuestro encuentro. Se sostiene, se tolera y se suelta. Es importante abrirse para hacer aflorar el núcleo sano y vaciarse de las diferentes capas oscuras que han ido tapando nuestro ser esencial. Las percibimos, las vemos, las acogemos, las reconocemos y, muy importante, las soltamos. Es crucial porque es posible que la dificultad esté en soltar, ya que tenemos adicciones emocionales y mentales a sufrir, a entristecernos, a encontrar dramas en nuestra vida.

Atravesemos el vacío que nos deja el síndrome de abstinencia por no poner en acción esas emociones y permitámonos soltarlas. Recordemos que un perro al que queremos ahuyentar no se irá si lo mantenemos atado con una cuerda. ¿Con cuántas cuerdas tenemos atadas ciertas emociones, experiencias dolorosas, recuerdos, rencores y enojos?

Es posible que sintamos tal pena o dolor que lo reprimamos para no tener que sentirlo más. De hecho, vivimos en una sociedad que a menudo da la espalda al sufrimiento. Esta tendencia también está arraigada en nosotros, y puede manifestarse en la meditación. La represión y el rechazo son formas de evitar el dolor. Pero entonces ni se abraza ni se redime. Sigue latente. Padecer es dejar estar lo que llega, no fijar límites interiores, no defenderse, no oponerse, dejar fluir lo que hay y lo que es. No temer y confiar en tu capacidad interior, en el manantial que yace en ti. Es primordial ser consciente de que nuestras respuestas son hacia dentro, no hacia fuera. Es decir, que si surge un enojo, respiras, te centras en la percepción, contemplas en dirección al núcleo sano y te permites vivir lo que emerge. Pero pones límites hacia fuera, es decir, no empiezas a gritar y a enojarte. Es importante que estos límites hacia fuera, que te permiten mantener una conducta amable, no limiten el fluir de tu amor en ti y hacia el otro. No debamos erigir muros internos que sean corazas que nos separan del otro. Seamos conscientes de que el camino hacia la apertura al ser y a la Presencia es un camino en el que nos detenemos cuando nos aferramos, cuando rechazamos o cuando nos resistimos a lo que es, mientras que avanzamos cuando soltamos y dejamos que lo que es sea.

En ocasiones nos agarramos al sufrimiento porque consideramos al otro como el responsable de nuestro malestar. Cuando estamos muy cerca de alguien y creemos que le conocemos bien, podemos caer en el hábito de fijarnos más en lo que no nos gusta, en lo que nos molesta, y nos acostumbramos a quejarnos. Dejamos de apreciar el valor que nos aporta. Tenemos la sensación de que es el otro el responsable de nuestra insatisfacción. Cuando nos fijamos en sus problemas, lo que hace mal, lo que no nos gusta del otro, creamos una imagen distorsionada, influyéndole en disminuir su autoestima y en aumentar nuestra insatisfacción. Apreciemos lo bueno de lo que ha sido y de lo que es. Valoremos lo que aporta a otros o a nosotros y no hagamos suposiciones. Preguntemos, aclaremos, estemos abiertos a percibir y a escuchar. Soltemos las expectativas. El otro actúa y actuó según su estado mental en ese momento, y puede ser que lo hiciera desde su coraza o estrato oscuro porque no estaba asentado en su núcleo sano.

El vaciarse de las capas oscuras es doloroso, pero es una gran liberación. Es menos doloroso si contemplas en dirección a tu núcleo sano, a tu centro vital, a lo que te da vida y hace florecer. Una vez que has atravesado tus propias sombras sin resistirte a lo que hay y a lo que es, viene hacia ti un manantial de amor que te abraza y te une a tu ser auténtico y a Dios, al Tú eterno. Mantente atento mirando en dirección al núcleo sano para que, al atravesar las sombras, las dudas no se apoderen de ti. Recordemos la historia de Pedro en la Biblia, mientras mantiene el contacto visual con Jesús, anda sobre las aguas. Una ráfaga de viento le genera ruido, y entonces duda, se cuestiona y se hunde, cae en las aguas sobre las que hace un momento caminaba.

Cuando te aparece dolor, o algún pensamiento o recuerdo, si pierdes contacto «visual» con tu núcleo sano y con Dios, y dudas, entras de nuevo en el torbellino de cuestionar, analizar, rebatir, y sales de la percepción contemplativa que te mantenía encaminado hacia el manantial interior de vida. Si esto te ocurre, respira y vuelve a centrarte. Si te cuesta, entonces ponte de pie y camina lentamente de manera contemplativa, en silencio, percibiendo cada paso.

Se trata de abrirse al amor Crístico para que fluya en nosotros y a través de nosotros hacia las otras personas y hacia el mundo. Esto solo ocurrirá en la medida en que dejemos de aferrarnos a nuestras identidades pasajeras y falsas para volvernos totalmente traslúcidos. En este recorrido nos acercamos más a la experiencia de comunión, de unión, de no dualidad, de sentirse uno con el Todo.

El vacío que vivimos en esta etapa es un vacío de liberación, de éxtasis y de gozo. Aunque en el camino hacia la alegría de ser y de existir vivamos tristeza, miedo, dolor y sufrimiento, sabemos que son temporales y que no forman parte de nuestra naturaleza intrínseca, de nuestro núcleo sano. Además, cuando seamos pacíficos y felices, cuando vivamos la armonía y la no-violencia que brota del Ser, no provocaremos sufrimiento en otros.

El estrato oscuro se ha ido creando desde el ego, desde el yo centrado en el mí y lo mío, desde el yo que no tiene en cuenta al otro ni la relación, desde el yo alejado del núcleo sano, del yo auténtico. Es un yo vaciado de su ser y atrapado en el deseo, que está en un estado de insatisfacción permanente. El deseo nubla la percepción. Terminar la rueda del deseo es cultivar una felicidad auténtica, no ilusoria. El sufrimiento viene porque crees que algo ilusorio es verdad. El apego te crea el espejismo de la pertenencia y de la seguridad, y provoca miedo y celos. Si fuera verdadero, no tendrías miedo ni celos ni te aferrarías a tantas seguridades ilusorias y temporales que te privan de una auténtica libertad. Es estar en la prisión de tus seguridades pasajeras. Es ser una marioneta y un esclavo de tus deseos.

Cuanto más libre eres, menos esperas la perfección en los demás y en tu entorno. Dejas de ser perfeccionista. Aceptas. Fluyes. Gozas. ¡Eres libre! En esencia, despertar, iluminarse, liberarse y vaciarse es vivir y ser en la sabiduría de la consciencia, del núcleo vital. No se trata de luchar contra el ego, al igual que no se lucha contra la oscuridad. Solo es necesario darle al interruptor y encender la luz. Es darle al interruptor de la consciencia, contemplar en dirección del núcleo esencial y se dará la luz. La luz eres tú.

San Pablo nos da unas pautas para alcanzar esta luz: «No nos acobardamos: si nuestro exterior se va deshaciendo, nuestro interior se va renovando día a día. A nosotros, que tenemos la mira puesta en lo invisible, no en lo visible, la tribulación presente, liviana, nos produce una carga incalculable de gloria perpetua. Pues lo visible es transitorio, lo invisible es eterno» (2 Corintios 4, 16-18).

Esta «mira puesta en lo invisible» requiere rendición. Entras en ese viaje hacia la gloria, hacia el gozo, *Ananda*, cuando has aprendido a rendirte, a ceder y a entregarte. Lo importante e interesante es que es sin sumisión y sin ser víctima. Implica no bloquearse ni ofrecer resistencias. Resistirse y bloquear o bloquearse implica control, miedo, inseguridad y oposición a lo que es. Ceder es aceptar internamente lo que tienes, estar abierto a la vida. La resistencia es una contracción interna, un endurecimiento del ego, es cerrarse. Tal como nos recuerda Tolle: «El no ofrecer resistencias es la clave de acceso al mayor poder del Universo».[64] Se abre una nueva dimensión de la consciencia cuando cedes, cuando te rindes, cuando te pones en disposición y te abres a Dios. Otra forma de entender la rendición conectada con la libertad la encontramos en un aforismo de las *Upanishads*:

> La libertad del alma no tiene leyes. Es una ley en sí misma.
> La libertad no es sobre los demás; es en tu interior.
> La libertad no tiene sentido si no es para todos.
> Una persona verdaderamente religiosa es aquella cuya alma es y está libre para Dios.

La libertad no será en el futuro si no lo es ahora en ti. Recuerda que el poder está en tu presencia ahora. Solo el presente puede liberarte. Eso es estar despierto y vivir con la consciencia despierta. La consciencia despierta no se apega. Sin apego la mente no estaría atraída ni sumisa a nada ni a nadie. El signo del apego es la sumisión a algún tipo de pensamientos, deseos, ideas, palabras, acciones y relaciones.

Te ayuda a liberarte el actuar sin apego al fruto de la acción y con una intención sanadora y positiva. Actúas conectado, en unión contigo y con el todo. A esto en la India le llaman ser un «karma-yogui»; es decir, una persona que vive en presencia —un yogui— y actúa —karma entendido aquí como acción— desde la presencia. Tu acción es precisa gracias a estar unido, conectado a la fuente de la sabiduría, a la Presencia. Vives en el amor y en el desapego; como la flor de loto, compartes tu belleza y, aunque lo que te rodee sean aguas estancadas, no te ahogas en ellas. Vives en la confianza de que lo que ocurre y lo que ocurra será beneficioso. Gracias a esto, no te angustias. Con confianza te arriesgas. Vivir libre es vivir siempre en el riesgo. El riesgo de quedarte solo, de que no te entiendan, de romper con estereotipos, de no reconocerte al renovarte, de transgredir ciertas pautas establecidas social y culturalmente, de sentirte explorador de tierras desconocidas, de estar en el abismo. Arriésgate. Atrévete. Despréndete. Ábrete. Concédete poder y sé libre.

PRÁCTICA DE MEDITACIÓN

Puedes practicar la meditación «Liberarse» que encontrarás en la página 296.

17. Céntrate en la vid en vez de en las uvas

Céntrate en la vid

«Volveos hacia la fuente y todo os será dado.»
FRANZ JÁLICS

Celebra que estás aquí. En la meditación conecta con lo que te da vida y te ayuda a celebrar. No es una práctica penosa, dura y que implique que debamos machacarnos y esforzarnos con dureza. Es una celebración de la alegría de haber nacido. De poder vivir y ver con nuestros propios ojos la maravilla de la existencia. En vez de lamentarnos por lo que no ha sido o no es, por lo que no va bien, en vez de quejarnos de lo que no funciona, conectemos con lo que sí que es y va bien, con lo que funciona, con lo mejor de lo que es y agradezcamos.

A lo largo del día estamos sometidos a muchas distracciones. En la práctica meditativa también. Sobre todo cuando estamos centrados en el yo, surgen muchas causas que nos distraen, como son: dejarte absorber por tus problemas, tus preocupaciones, tus deseos, tus pensamientos, tus dolores, tus sentimientos, tu pasado, tu presente y tu futuro. En definitiva, estás dándole vueltas a las cosas, «atado al yo», y ello provoca múltiples ondas y oleaje en tu interior. Entonces te pones nervioso porque te parece que no estás avanzando. Te domina el deseo de inmediatez, de llegar a los resultados. La presión del rendimiento pone a prueba la paciencia.

Cuando quieres llegar a una ciudad, y tu propósito es llegar allí, eres consciente de que eso es lo último que ocurre. Antes de llegar te informas, planificas, visualizas y decides en qué medio de transporte llegarás. Luego haces las reservas y finalmente te pones en camino, inicias el viaje físicamente, antes lo habías iniciado mentalmente; ahora vas en tren, en coche, en avión o en otros medios. Generalmente, lo último que ocurre es llegar al lugar que te habías propuesto.

Para llegar a Dios, en los caminos o fases denominadas precontemplativas, se utilizan imágenes, textos y símbolos que pueden ayudar. En la fase contemplativa, practicamos la contemplación y percibimos para estar en el presente. Dios está aquí y ahora. Uno debe atreverse a atender el presente en sí y establecer contacto directo. Es estar presente y contemplar en Dios. Utilizo el verbo «atreverse», porque a menudo las distracciones provienen de huir del presente. Tememos lo que pueda emerger y tapamos el silencio y la percepción del presente con un discurso interior que nos absorbe.

Se trata de vivir el ideal de san Benito: andar en la presencia de Dios. Cada vez que huyes del presente, te alejas de la presencia divina. Caminar en su Presencia facilita el gozar de cada paso que uno da. El desafío se nos presenta cuando nos invade la presión del afán de rendimiento, lo cual nos impulsa a entrar en la conciencia de la acción y de los logros. Dejamos de estar en la percepción y en la presencia y nuestros pensamientos corren, planifican y nos impulsan a actuar.

En los Evangelios hay una conversación en la que Jesús utiliza la metáfora de la vid y los sarmientos (Juan 15, 1-8). La vid representa a Jesús, y el viñador al Padre, a Dios, a la fuente de vida, y los sarmientos a los apóstoles. Los sarmientos están unidos a la vid, por tanto, es la metáfora de la unidad y la no-dualidad. «Yo soy la vid, vosotros los sarmientos; quien permanece en mí y yo en él da mucho fruto» (Juan 15, 5). La función del sarmiento es producir la uva. Si toda su fuerza va dirigida en esa dirección, preocupada por dar suficientes frutos, ocupada en rendir al máximo en poco tiempo, comparándose con los otros sarmientos, por si dan más o menos, mejor o peor fruta, planificando la próxima temporada, cómo lograr más jugo en la uva y un zumo más dulce, etc., se olvidará de centrarse en lo que le da vida: la vid. Se centrará tanto en rendir que tampoco se acordará de que hay un viñador que cuida del todo. Cuanto más teme por sus frutos, más le da vueltas a sus problemas, más se esfuerza por rendir mejor, y menos es la fuerza vital que penetra en las uvas. Nublados por el afán de rendir, de lograr y de producir, olvidamos nutrirnos de lo que nos da vida. Nos agotamos.

El sentido de esta parábola consiste en dejar claro y decir a los pámpanos: ¡basta! Hay que dar un giro y dirigirse hacia la vid, comunicaros con lo que os da vida, conectar con la fuente vital, y fluirá la vitalidad necesaria para que viváis conectados y ofrezcáis lo mejor al mundo. Quien se nutre podrá nutrir. Contemplar en dirección al núcleo sano, a la presencia de la vid y al viñador que hay en ti es nutrirte. Cuando te nutres tus frutos serán mejores y más abundantes. Sentirás que no son «tus» frutos, sino que eres instrumento de la energía de vida, del manantial, del maná que llega a ti y actúa a través de ti. «Volveos hacia la fuente y todo os será dado.»[65] El que actúa desde la presencia del núcleo sano, desde su centro, producirá, rendirá, pero sin desconectar de la vid y del Todo que le alimenta y le da vida.

Viviendo centrados en nuestro eje, en nuestro núcleo vital, nos abrimos, y con esa apertura estamos dispuestos a vivir un presente en el que podemos crear las condiciones para florecer en las relaciones y en el mundo. Asentados en nuestro núcleo positivo, en nuestra fuerza sanadora interior, nos abrimos a otras perspectivas que nos ayudan a ver la carga desde otro ángulo, relativizando el peso, sintiendo mayor ligereza, percibiendo la presencia de amor que entra en nosotros y nos aligera, nos da confianza y esperanza.

Aprendamos a estar presentes y plenamente conscientes, dejando que el manantial de vida que reside en nosotros no se ensombrezca por lo que el otro está viviendo, por lo que ocurre «fuera», por compararnos o por miedo a la opinión de otro. No hagamos nuestro el problema del otro, sino, más bien, contribuyamos a que se libere de la carga, acompañándole a que se conecte con su fuerza vital. Para ello, a veces un gesto es suficiente, otras es importante mantener una actitud receptiva y de escucha. Una de las formas de estar presente con el otro es escuchándole.

En algunos momentos te darás cuenta de que, en vez de escuchar, estás esperando para hablar. En tu mente planificas lo que vas a decir. Incluso interrumpes para dar tus propias ideas. La persona que te está hablando capta que en realidad no estás prestándole atención. Entonces deja de compartir contigo lo que realmente le importa. Y al dejar de hablarlo, no solo no te enteras de lo que es esencial para ella, sino que ella misma se priva de expresarlo y aclararlo.

Escribir y hablar nos ayuda a aclarar nuestras ideas. Si las guardamos dentro, mantenemos nuestra confusión. Al ponerlas sobre un papel o en el ordenador, o al verbalizarlas, las aireamos y nos aclaramos. Pero, para acompañar a otro a que se exprese, debemos ser capaces de silenciar nuestra mente y estar receptivos, sin interrumpir con nuestras ideas. Esta es una escucha que requiere un silenciamiento interior para estar plenamente abierto a lo que el otro quiere compartir, y para que nuestra presencia sea desde el núcleo vital y fluya el manantial interior de vida. Es una escucha que nos conecta a los presentes con la vid y con el viñador. Con la Presencia que nos llama y nos invita a vivir como instrumentos de su luz, sabiduría y amor.

El ser escuchado ya es en sí reconfortante. Es todo lo que a veces necesita la persona, que se la escuche. Verbalizar lo que está pensando y sintiendo le permite clarificar lo que le ocurre en su interior. Al escucharla le das el apoyo para que ella misma se dé cuenta de cuál es el siguiente paso. Esto es muy potente. Al escucharla sin intervenir con tus consejos, has permitido que conecte con su sabiduría interior. Esto potencia su autoestima y su esperanza, y facilita que crea en sí misma y en que: sí puede.

Este tipo de escucha no es tan fácil, no se trata solo de sentarse y escuchar. Tienes que estar centrado en tu núcleo sano, conectado con la Presencia, y escuchar sin juzgar. No es solo una escucha empática, sino más bien generativa. Ocurre que a veces lo que la persona dice no es realmente lo que su ser quiere expresar. Al escuchar desde un estado meditativo, puedes leer y comprender entre palabras. Tu escucha es plena. Tienes el «tercer oído» alerta y en activo. El tercer oído es el oído interno del ser. Al igual que se habla del tercer ojo como el ojo de la sabiduría interior. El oído pleno, o tercer oído, te mantiene en la vid y en Presencia.

Cuando nuestra escucha es generativa, avanzamos de escuchar fijándonos en el mundo de los objetos y hechos, para entrar a escuchar la historia de un ser esencial vivo y que está en evolución. A menudo escuchamos con filtros, un mecanismo de autodefensa para no oír lo que no queremos escuchar. La escucha generativa es posible cuando estamos vacíos de agendas y permitimos que el futuro que quiere manifestarse se manifieste. Para creyentes sería permitir que la voluntad de Dios se haga en nosotros. Otto Scharmer vincula la escucha generativa a la voluntad abierta. Es decir, que nuestra voluntad no sea autorreferenciada, sino que la vivamos desde la referencia del campo, del Todo, del Tú.

Cuando acompaño a una persona, y quiere expresar algo, quiere hacerme partícipe de su historia, intento ponerme en una actitud receptiva para poder participar de su experiencia. Trato de percibir y captar su mensaje, y así puedo hacerle de espejo y reflejarle su mensaje para que se anime a expresarse a fondo. Es una manera de quererla y cuidarla, de que se sienta comprendida, aceptada y querida. Cuando le ofrezco a mi interlocutor la oportunidad de expresarse, no quiero juzgar, interpretar, explorar o asegurar. Solo deseo participar en su experiencia. Mis respuestas tienen que retomar la experiencia que quiere comunicar.

En realidad, lo que la persona quiere recibir no es la solución ya hecha, sino un acompañamiento para que ella misma pueda ver claro y tomar una resolución.

Escuchar trae consecuencias, y acompañando a personas he experimentado en muchas ocasiones lo que afirma Carl Rogers: «Cuando escucho realmente a una persona, incluido el significado importante para ella en aquel momento, oyendo no solo las palabras, sino a la persona en sí, y cuando le hago saber que he captado su propio significado privado, ocurren muchas cosas. Lo primero es una mirada de agradecimiento. Se siente exonerada. Quiere hablarme de su mundo. Se lanza con una nueva sensación de libertad. Se abre al proceso de cambio. A menudo he comprobado que cuanto más profundamente oigo el significado de la persona, mayor cantidad de cosas ocurren».

Para ello, ha sido muy importante en mi experiencia aprender a no interrumpir con mis vivencias a alguien a quien le cuesta expresar sus sentimientos. Ocurre a menudo que la otra persona tiene sentimientos y actitudes que le cuesta o no puede expresar todavía. Tiene además un fondo emocional y espiritual que le cuesta comunicar. Solo si encuentra un acogimiento muy intenso y confiable, va a empezar a soltarse.

El ser escuchado produce una profunda satisfacción. El escucharnos mutuamente, con la habilidad sensible para oír, comunicarnos y abrirnos al otro, nos permite darnos cuenta de que el problema, por lo general, no es tan grande como parecía. La perspectiva del otro nos ayuda a relativizar, en especial cuando nos arropa, nos acompaña y nos da fuerzas.

Meditar nos posibilita escuchar desde la voluntad abierta y la referencia del Tú, la vid y el viñador.

Pautas para la práctica

Repetir una palabra o frase durante la meditación puede ser de gran ayuda para acallar la mente, centrarse y penetrar en la profundidad de la experiencia del Tú eterno. Elegir la palabra, la afirmación o el mantra según se denomina en la tradición oriental, es importante. Algunos maestros o gurús dan el mantra a sus estudiantes o discípulos. En mi caso, estuve durante dos años, de 1977 a 1979, meditando cada mañana media hora repitiendo y cantando internamente un mantra en sánscrito que me dio mi profesor de yoga y meditación. Me ayudaba a aquietar la mente y generaba una melodía en mí que me armonizaba.

Era consciente de que las diferentes sílabas del mantra abrían diferentes espacios sonoros en mi interior. Cuando mis padres se separaron a finales de 1979, me di cuenta de que el mantra, y las palabras en sánscrito, no me servían para paliar el sufrimiento ni para entender lo que estaba ocurriendo.

Según el momento vital en que esté la persona, recomiendo que el mantra sea mejor en el lenguaje en el que piensa, y que las palabras y su significado tengan sentido para ella en ese momento. Que, por ejemplo, le ayude a confirmar sus cualidades y a conectar con su núcleo sano. Que sea corto y valioso para la persona. En la práctica, pueden servir de mantras: «Soy amor»; «Soy luz»; «Soy vida». O bien simplemente: «Yo soy». O: «Soy en Ti; Tú eres en mí». En la práctica creativa, incluida en el capítulo 15, «El núcleo sano tras los estratos oscuros», recomiendo crear tu propia afirmación que te ayude a acceder a tu centro.

Varios maestros recomiendan repetir el nombre de Dios para acercarse a él. Por ejemplo, John Main nos dice: «La expresión *maranatha* es el mantra que suelo recomendar a la mayor parte de quienes comienzan, pues el término arameo *maranatha* significa: "Ven, Señor (Jesús)". Es la palabra empleada por Pablo para concluir su Carta a los Corintios (1 Corintios 16, 22) y el término con el que Juan cierra el libro del Apocalipsis (Apocalipsis 22, 20). Asimismo desempeña una función importante en algunas de las primeras liturgias cristianas. Prefiero la fórmula aramea porque no tiene connotación alguna para la mayoría de nosotros y nos ayuda a realizar una meditación bastante libre de imágenes. También el nombre Jesús sería otra posibilidad, así como la palabra que el mismo Jesús empleaba en su oración: "*Abba*". Se trata nuevamente de un término arameo que significa padre. Lo que debemos recordar es que hemos de elegir un mantra [...] y conservarlo. Si continuamente lo cambiamos, retrasamos cualquier progreso en la meditación. [...] Mediante la perseverancia en la repetición del mantra, aprenderás de una forma muy concreta lo que significa la fidelidad».[66]

Franz Jálics recomienda utilizar el nombre de Jesús Cristo como mantra. Al inspirar Cristo, al espirar Jesús. «Al profundizar la conciencia del fluir de la respiración, se reconoce la espiración como primer período. Por ello es conveniente que desde un principio te acostumbres a decir el nombre al espirar. Al hacerlo, escucha cómo llega a las palmas de tus manos y dilo con una resonancia interna. [...] No lo adornes con representaciones, imágenes ni recuerdos; mantente en la mera repetición. [...] Se inicia con la percepción de la naturaleza. Luego aprendemos a mantenernos firmes en la respiración y en las manos. Más directo será nuestro contacto con Dios cuando atendemos al presente en sí. En la simple repetición del nombre de Jesucristo, la relación con él es aún más inmediata.»[67]

Ramana Maharshi también recomendaba practicar un mantra al iniciarse en la meditación. Para desarrollar el control mental, recomendaba las prácticas de meditar sobre Dios a través de una repetición constante de su nombre o a través de una visualización de su forma. Consideraba que si se llevaba a cabo con regularidad, amor y entrega, la mente acababa siendo absorbida sin esfuerzo en el objeto de la meditación. «La meditación consiste en aferrarse a un solo pensamiento. Ese pensamiento previene que vengan otros pensamientos. Si se distrae la mente, esto quiere decir que es débil. Al meditar constantemente, la mente se va fortaleciendo, y la debilidad de pensamientos fuera de control se reemplaza con el fondo que se mantiene libre de pensamientos. [...] Si se mantiene un solo pensamiento, todos los demás pensamientos desaparecerán y finalmente serán destruidos. [...] El resultado final de cualquier práctica de *dhyana* (meditación) es que el objeto sobre el cual el buscador fija su mente deja de existir como algo distinto y separado del sujeto. Aquellos dos, el sujeto y el objeto, se convierten en el Ser único. Ese es el corazón. [...] En las primeras etapas, la repetición del nombre de Dios es meramente un ejercicio de concentración y meditación, pero al avanzar en la práctica se llega a una etapa en la cual la repetición procede sin esfuerzo, automática y continuamente. Dicha etapa no se alcanza con solo la concentración, sino al entregarse completamente a la deidad cuyo nombre se ha estado repitiendo. Al utilizar el nombre de Dios, uno debe llamarlo con anhelo y rendirse a él sin reserva. Solo después de tal entrega es que el nombre de Dios siempre estará con esa persona.»[68]

En resumen, al repetir un mantra en la meditación, nuestra mente se calma y nos centramos en las palabras y en su sentido, para vivirlas.

PRÁCTICA DE MEDITACIÓN

Puedes practicar la meditación «Volver a la fuente» que encontrarás en la página 298.

18. El perdón te libera

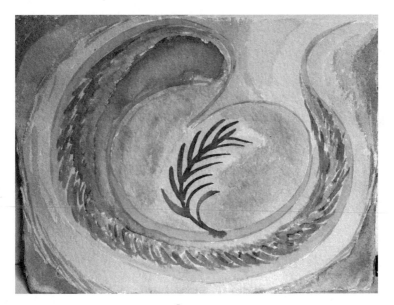

Renacer

«El gran obstáculo para llegar a Dios es no saber perdonar.»[69]

FRANZ JÁLICS

En las etapas anteriores nos hemos ido vaciando de las sombras, de los traumas y de los sufrimientos acumulados. Permitir que la fuente de vida fluya en nosotros y a través de nosotros nos da la valentía y la fuerza vital necesaria para atravesar el estrato oscuro que recubre el núcleo sano. A medida que avanzamos en la práctica y vivencia contemplativa, aparecen heridas más profundas y vivencias más antiguas. Las más difíciles de digerir y redimir son las heridas que provocaron la relación con nuestros padres. Son las más profundas porque tienen lugar en nuestra infancia. Son conflictos, traumas y vivencias que no podemos digerir, elaborar ni perdonar fácilmente. Perdonar es un acto de grandeza, pero es difícil. Pronunciar las palabras «Perdono a esta persona» o «Te perdono» es para muchos casi imposible. Su dolor es tal que se ven incapaces de perdonar. El dolor les hace sentir que celebrar la vida es para ellos imposible, es utópico. Les parece inalcanzable el vivir en el gozo.

Nos cuesta aceptar situaciones que hemos vivido. Nos hicieron sufrir mucho y lo consideramos inaceptable. Pero llegar a aceptar nuestro pasado plenamente nos ayuda a estar tranquilos con nosotros mismos y con los demás. Para lograrlo, quizá tengamos que pedir perdón o perdonar, o aclarar cuentas de cualquier tipo, o quizá implique hacer un trabajo de transformar una vivencia negativa en un aprendizaje. Sea lo que sea que implique, merece la pena intentarlo. Si no hay una plena aceptación del pasado, viviremos el presente con malestar, y ello nos llevará a frustrarnos, deprimirnos, hundirnos o simplemente a estar de mal humor y con unos altibajos anímicos difíciles de controlar. Cada vez que una situación presente evoque ese pasado doloroso, se abrirá la herida y continuará sangrando. Aceptar el pasado es permitir que la herida se cierre y que, aunque continúe allí, ya no duela ni nos invada internamente. Llegará un momento que cicatrizará.

A veces nos resistimos a vivir un retorno a nosotros mismos, dado que la mayoría de las personas tenemos miedo de interiorizarnos, mirarnos hacia dentro, porque tememos enfrentarnos al dolor que albergamos en nuestro interior. Huimos de él, lo enterramos y buscamos distracciones fuera para evitar que aflore.

Aceptar lo que ha ocurrido puede implicar aceptar la pérdida, aceptar que te engañaron, que abusaron de ti; aceptar tu error y/o el del otro; aceptar que te hirieron o aceptar que mataron a un ser querido o que murió en un accidente. La neuróloga María Gudín afirma que superar las ofensas es una tarea sumamente importante, porque el odio y la venganza envenenan la vida. Perdonarse y perdonar abrirá las vías para sanar el corazón dolido.

Quizá hemos perdonado, pero sigue el rencor en nosotros. Darnos cuenta de ello es importante para sanar la herida. Mirar el rencor, aceptar que aún lo albergamos y reconocerlo nos dará la valentía para entregarlo a la Presencia, a Dios, para desprendernos, trascenderlo y disolverlo en la meditación. Es posible que al mirar el rencor surjan de nuevo pensamientos que tuvimos o que aún tenemos de querer hacerle mal a la persona o a las personas que nos hirieron. Es bueno darse cuenta de ello y aceptar que están ahí. Fortalezcamos la voluntad para no llevarlos a cabo y para no repetirlos en nuestra mente ni en nuestras palabras. Los pensamientos negativos repetitivos son dañinos para nuestro bienestar e influyen y dificultan nuestras relaciones y nuestra comunicación con las personas.

Para conseguir perdonar cuando se trata de algo que alguien te hizo, ¿puedes ver que su error es o fue porque estuvo actuando desde su estrato oscuro? ¿Puedes darte cuenta de que esa persona está o estuvo atrapada en sus propias sombras cuando hizo lo que hizo? Verlo y darte cuenta de que esa persona está o estuvo ciega a su luz y actuó desde su debilidad y sus sombras, te permite conectar con la compasión.

Recuperemos la soberanía sobre nuestro corazón, nuestra mente y nuestros pensamientos, siendo capaces de detener el martilleo constante de aquellos que son negativos o debilitantes. Algunas personas creen que perdonar es un acto de debilidad. Sin embargo, es todo lo contrario: perdonar muestra que nos hacemos dueños de nuestro bienestar y dejamos de ser víctimas del otro. Perdonar nos permite recuperar nuestro poder interior. Sin ese dominio, nuestra mente irá una y otra vez hacia ese lugar de sufrimiento, repetirá el «¿Por qué a mí? ¿Cómo se atrevió?». Los pensamientos serán como un martilleo constante, y no controlarás los sentimientos de rabia, frustración y tristeza. Como la carcoma, tus propios pensamientos agujerearán las entrañas de tu ser y te quedarás agotado, sin energía. En ese momento has olvidado el primer principio de realización del ser: nadie crea tus pensamientos ni tus sentimientos, excepto tú mismo.

Seamos conscientes de que el rencor, la resignación, la amargura, el enojo y la ira no sanan a través de ocuparse de manera permanente de ellos. Cuantas más vueltas le damos a lo que lo causó, mayor se hace la herida y más penetran en ti esos pensamientos y esas emociones. Es necesario que te comuniques con tu centro, con tu núcleo vital, que vuelvas al presente, que te abras a la presencia del Tú eterno que te abraza. Si en un momento dado no puedes, porque te invaden las experiencias negativas o lo que sea que te provocó pena o rencor, entonces escribe, dibuja, camina, ve a la naturaleza si puedes y respira profundamente junto a los árboles en un bosque o junto a las flores en un jardín. Respira. Lo que fue, fue. Lo que es, es. Ahora estás aquí. Inspira. Recuerda alguna experiencia inspiradora que te lleve a un espacio emocional más positivo.

Demos el paso decisivo de nuevo: dirigir nuestra mirada y nuestra intención hacia el núcleo sano, nuestro espacio sagrado de paz, volvamos, sin dudar ni vacilar, a la percepción y al presente. Tarde o temprano vendrá la reconciliación. Pero hemos de abrirnos a que venga y a acogerla para reconciliarnos con nuestro pasado. «El rencor se irá desmontando parte por parte, capa por capa, según la magnitud de la herida. Lo que queda nos pesará cada vez menos, se irá haciendo apenas perceptible y finalmente se disolverá por completo. Entonces habremos perdonado realmente de todo corazón.»[70]

La reconciliación con nuestros padres

Como he escrito unas líneas más arriba, las heridas que nos provocan la relación con nuestros padres están incrustadas en nuestro interior desde la infancia. Nos influyen en cómo nos relacionamos con los otros, queramos o no. Las vivencias que tuvimos en nuestra temprana edad nos condicionan en el presente. La falta de afecto y cariño en la niñez puede afectarnos de modo que busquemos suplir esta carencia en las relaciones que tengamos actualmente. Los conflictos de autoridad provocan que nos sintamos inferiores o nos cueste sentir nuestro valor y nuestra autoestima.

Acompañé a Pedro, el director de una unidad médica oncológica, en un proceso de *coaching*. En las reuniones con su equipo era complaciente y pocas veces decía su opinión verdadera. Conversando con él, vimos que en su infancia su padre le hacía callar con autoridad. A menudo cuando decía su opinión recibía una reprimenda. Su padre no le escuchaba ni le daba espacio para decir lo que pensaba. Pedro interiorizó un miedo a dar su opinión que, aún después de varias décadas, seguía activo en su interior y en relación con los otros.

Sonsoles consiguió a sus sesenta años que una importante editorial publicara un libro que llevaba años escribiendo, dudando de sí misma y temiendo no estar a la altura. Me dio la noticia feliz de haberlo conseguido, y con lágrimas me comentó que le hubiera gustado que su madre viviera para que viera que finalmente lo había logrado.

Los ejemplos de Pedro y Sonsoles son una muestra de cuánto nos influyen nuestros padres a lo largo de nuestra vida, de que los tenemos presentes incluso si ya no están físicamente.

Hay otras heridas más profundas aún, como el haber vivido una infancia con ausencia de padres por su trabajo, su divorcio o su muerte. Esto provoca en nosotros conflictos que nos cuesta digerir, entender o perdonar. Repito el lema: lo que fue, fue. No se trata de que cambien los padres ni de vivir sintiéndonos víctimas de lo que nos aconteció. Las heridas las padecemos nosotros, no nuestros padres. La responsabilidad de sanarlas reside en nosotros, en nuestro corazón. Sin embargo, «el dolor más grande no lo provoca la herida misma, que subyace en nosotros. Más amargo es no poder amar al que nos ofende. Esto nos causa un tormento espiritual muy grande».[71]

Como consecuencia de lo mal que uno lo pasó en su infancia y de las carencias que siente, uno puede decirse a sí mismo y a sus amigos cercanos que no repetirá las conductas de sus padres. Sin embargo, si no les ha perdonado, sigue incrustado en su interior el mismo modelo de actitudes, aunque no lo desee. Si no perdonamos, guardamos los patrones de conducta interiorizados y no nos liberamos de ellos. Trasladamos los problemas relacionados con nuestros progenitores a nuestra relación con las otras personas, a nuestras búsquedas y frustraciones. Una mujer quizá busca al padre perfecto en un hombre, o un hombre puede buscar el amor de una madre en una mujer, y entonces le cuesta tener relaciones sexuales con ella, necesita una amante para ello. Hay muchos patrones de conducta en las relaciones que vienen determinados por cómo vivimos nuestra infancia. Incluso hay personas que se hacen religiosas buscando a la madre y al padre perfectos. Una persona puede hacerse religiosa cristiana deseando al padre perfecto, o volverse monje budista anhelando a la madre ideal que no tuvo.

El triángulo sagrado

El triángulo sagrado interior está formado por tu padre, tu madre y tú. Es sagrado porque ellos fueron tus progenitores. Si en tu interior los sientes con cariño, y estás agradecido y en paz con ellos, serás más libre en tu vida. Por el contrario, si hay malestar, culpas y resentimientos con ellos, seguirás esclavizado por estas experiencias, y esto te influirá en tu vivencia de Dios y en tu relación con los demás. Tal como afirma Jálics, «solo el que ha eliminado los conflictos con los padres es un ser humano libre en relación a los demás».[72] En relación a nuestros padres, creo en la ley del karma y en que cada uno elige a sus padres. Jálics lo denomina la providencia de Dios, por la cual toda persona recibe de Dios los padres que necesita para avanzar en el camino hacia Él.

Triángulo fluyendo

Estamos en peregrinación en la tierra, y nuestros padres son una parte fundamental para acercarnos en el camino que debemos recorrer. «Todo lo que sucede y cómo sucede nos es dado para llevarnos a Dios por el camino más directo.»[73] Según Nisargadatta, «todos estos sufrimientos son creados por la persona, y la persona tiene el poder de acabar con ellos. Dios ayuda mostrando a la persona los resultados de sus actos y pidiendo que se restaure el equilibrio. El karma es la ley que trabaja por la rectitud, es la mano curativa de Dios».[74]

Muchas personas reniegan de sus padres, y consideran que ya han rehecho su vida a su manera, superando cualquier conflicto o trauma. Olvidan experiencias de su infancia, les cuesta recordarlas, tienen una cierta indiferencia hacia la vida y hacia las personas y una actitud de «me da igual», experimentan una falta de sentimiento, como una frialdad o sequedad, o sienten resistencias hacia sus padres u otras personas. Son conflictos no resueltos que bloquean su autoconocimiento, su desarrollo personal y espiritual y su apertura al Tú eterno.

En la quietud de la meditación, en la contemplación hacia el centro, puede ocurrir que afloren los recuerdos de nuestra infancia, o algún conflicto o trauma que vivimos en nuestros primeros años de vida. Es posible que por miedo a revivir el dolor que nos pueda provocar, los tapemos, los reprimamos, los ignoremos o nos autoengañemos, convenciéndonos de que no son importantes o de que ya no están. No queremos que emerjan en nuestra conciencia, porque en otras ocasiones, cuando lo han hecho, nos ha invadido el dolor, la rabia, la tristeza y el malestar. Sin embargo, llega un momento en que, «cuando el pasado y el futuro se ven en el ahora atemporal, como partes de un patrón común, la idea de causa y efecto pierde su validez y en su lugar aparece la libertad creativa».[75]

En definitiva, para vivir en paz y avanzar en el camino de la vida hacia la realización del ser es muy importante amar a los padres, amar a la madre y al padre. En una conversación con Jálics[76] sobre este tema, compartió conmigo: «Es importante amar a los padres. Hay una comunicación muy directa entre padres e hijos. Porque el hijo ha nacido de su propio cuerpo. Entonces la conexión es muy íntima. Y si los padres no quieren a sus hijos, eso provoca en ellos una confusión muy grande, porque son sus hijos. A una mujer que tuvo mala relación con su padre, le es muy difícil amar a su padre. Hay que ayudarla, pero no hay que ejercer demasiada presión para que ame a su padre, porque es muy difícil. Aclarar que no estuvo bien lo que hizo su padre, y que intente perdonar, comprendiendo que su padre estuvo, o está, bajo la influencia de sus estratos oscuros. El perdón le facilitará que no tenga que estar siempre con este problema, y le facilitará el rehacer su vida y no quedarse anclada en lo que pasó. Le puede ayudar a la persona el hablar con alguien que entiende de maltrato. Que pueda aceptar y mostrarle el camino de cómo se sale de eso». Los padres fallan, y a menudo no nos amaron como nos hubiera gustado ser amados.

A veces es difícil comprender el sufrimiento, le dije. A lo que Jálics respondió: «El mal también está aquí. El mal hace daño. Cuando se siente dolor, la mayor parte de las veces crees que es el otro el responsable. Si uno está enojado con los padres, no solo los padres tienen culpa. Los hijos también. Eso es muy difícil hacerlo consciente, es difícil aceptar que uno también es parte de la dificultad. Los padres también son personas normales, no son personas extraordinarias. Entonces también pueden cometer faltas».

PRÁCTICA CREATIVA
Dibujar el triángulo sagrado y meditar

Un ejercicio que puede ayudar a estar en paz con las vivencias que uno ha tenido con sus padres es dibujar un triángulo invertido. Arriba, a la derecha y a la izquierda, pones a tus padres, y en el centro inferior te pones tú. Visualiza todo lo bueno que te han dado, agradece que el momento de tu concepción fue un momento luminoso.

Medita y coloca el dibujo del triángulo frente a ti, o coloca dos velas que representen a cada uno de tus padres e imagina que meditan contigo. Visualiza tu núcleo sano y desde ahí te diriges hacia ellos, conectando con el núcleo sano de cada uno. Quizá se relacionaron contigo desde sus corazas y sus sombras, y pocas veces dejaron aflorar su núcleo sano. Todo ser humano tiene su núcleo positivo, vital y sano. En la meditación podemos visualizarlo atravesando las corazas y sombras que lo tapan, podemos invocarlo y hacerlo aflorar.

En mi sala de meditación tengo una foto de mis padres. Les tengo presentes. A medida que han pasado los años he ido sintiendo que su manera de amarme ha sido la mejor que han sabido y que han podido. Esto ha hecho aflorar en mí un profundo agradecimiento. Esto no ha sido siempre así. En mi infancia y adolescencia sentí muchas veces temor, rabia y enojo hacia ellos o hacia uno de ellos. Luego se divorciaron cuando cumplí dieciocho años, y mi relación con los dos fue difícil durante años. No voy a contar aquí toda mi historia en relación con ellos, pero puedo afirmar que cuando he logrado que mis padres estén en mi triángulo sagrado interior en un espacio de amor, agradecimiento y paz, me he liberado de muchas cargas, y mi relación con ellos y con los demás fluye desde entonces con alegría. Soy yo misma con más apertura y me siento feliz. Todo este ha sido un trabajo interior, con acompañamiento espiritual, con terapia, escribiendo, dibujando, pintando y, sobre todo, en mis meditaciones. Ellos han cambiado con los años, y en la vejez se reafirman algunas tendencias y otras se tornan más vulnerables y tiernas.

Sea cual sea el proceso que siguen los padres, reconciliarte y tener tu triángulo interior en un espacio de amor y aceptación es tu responsabilidad y tu tarea. Honrar a nuestros padres forma parte de los consejos y mandamientos de varias tradiciones religiosas y espirituales. Y es que estamos aquí gracias a ellos.

Perdonar una y otra vez

Franz Jálics cuenta en su libro *Ejercicios de contemplación* que fue secuestrado en Argentina en 1976. Le consideraron cómplice de actos terroristas. De hecho, fue alguien de la Compañía de Jesús, a la que él pertenece, quien testificó ante los oficiales que Jálics había participado en la acción terrorista. Mientras duró el secuestro, Franz tuvo muchos sentimientos de rabia, impotencia y rencor hacia esa persona y sus colegas. Intentó perdonarlos y rezaba cada día para lograrlo. Después de los cinco meses de secuestro, en el que le tuvieron con los ojos vendados y con los pies y las manos atadas, viajó a Norteamérica. Al cabo de año y medio renunció al propósito de regresar a Argentina y se fue a Alemania. Seguían las calumnias y las mentiras, incluso las acciones injustas contra él, y esto le dolía. Explica que en esa época pensaba a menudo en san Juan de la Cruz, a quien sus compañeros lo retuvieron en prisión durante meses. A los cuatro años del secuestro aún guardaba más de treinta documentos que demostraban las injusticias y los actos violentos de los que él y otro compañero que también fue secuestrado fueron víctimas. Se dio cuenta de que todavía había en un rincón de su ser la intención de utilizarlos contra las personas que fueron cómplices de su secuestro, y decidió quemarlos. A los ocho años de su liberación, sigue explicando Jálics, tuvo un encuentro en Roma con el superior mayor de la orden jesuita, y le relató todo o casi todo, manifestando que ya no emprendería ninguna acción para aclarar los hechos de manera objetiva. Jálics explica que en ese diálogo: «Me invadió por última vez un dolor como nunca lo había sentido. Ya no era rabia, solo era dolor. No pude contener las lágrimas delante de mi superior mayor. Desde entonces me siento verdaderamente libre, y puedo decir que he perdonado de todo corazón. Ya no siento resentimiento, rencor ni dolor por lo sucedido. Por el contrario, agradezco esta experiencia que es parte indisoluble de mi vida. El proceso de purificación me llevó ocho años. Al fin, los últimos restos del rencor desaparecieron».[77]

He decidido exponer aquí esta experiencia de Jálics porque es muy dura y nos puede servir para darnos cuenta de que el perdón es posible y necesario para vivir en libertad desde nuestro núcleo sano. Del siglo XX tenemos también otros ejemplos de la práctica del perdón de personas que han vivido situaciones de mucha injusticia y dolor: supervivientes del Holocausto; familiares de personas asesinadas en España por ETA, la banda terrorista del País Vasco; Nelson Mandela, encarcelado muchos años, y Mahatma Gandhi, entre otros.

En una conversación que mantuvieron Bill Clinton y Nelson Mandela, Clinton le preguntó cómo pudo perdonar con esa facilidad a los que le aprisionaron. Mandela respondió que, si los odiara, seguirían controlándole. Si no perdonamos, nos mantenemos atados a las personas que nos han ofendido. Perdemos libertad, lo cual bloquea nuestra creatividad y alimenta nuestra frustración. Esto nos provoca violencia. Hay mucha rabia y violencia en el mundo, y esta energía nos destruye. Desde la rabia no crearemos un mundo mejor.

Al preguntarle a Ela Gandhi qué había aprendido de su abuelo, Mahatma Gandhi, dijo, entre muchas otras cosas: «Si quieres vencer a tu enemigo, ámalo». En ese amor hay compasión. En la compasión hay perdón. La persona que es compasiva no guarda rencor, acepta y se mantiene abierta. Ha puesto el contador a cero, es decir, ha soltado perjuicios, imágenes del pasado y sentimientos de culpa.

Si deseas superar actitudes defensivas y miedos enraizados en las experiencias que has vivido, tienes que reconciliarte con tu pasado, aceptarlo plenamente y saber protegerte de forma saludable, para vivir abierto en vez de cerrado. Tu pasado no lo puedes cambiar. Lo que sí puedes cambiar es cómo encajas tu pasado en el presente. Lamentarte y quejarte por el pasado no te ayuda. Gran parte del pasado se sana con el perdón.

Sin perdonar, no puedes olvidar. Perdonar nos ayuda a poner un punto y aparte: lo que fue ya pasó. Ya no es. Ya no está, excepto en tu propia mente. Practica el lema: «Lo que ha sucedido ya es pasado». No necesitas pensar en ello tantas veces. No permitas que tu mente lo reviva. Como hemos visto, en el capítulo 15, «El núcleo sano tras los estratos oscuros», no se trata de reprimir lo que yace en tu interior, sino de dejar que emerja, y mantenerte centrado en tu fuente vital, poniendo lo que emerja a disposición de la presencia de Dios. Se trata de no quedarte atrapado en los pensamientos repetitivos de tu mente, en el pensamiento discursivo que repite la historia una y otra vez. Valora tu tiempo. Valora tu creación: los pensamientos. Es necesario darse cuenta de que, cuando proyectamos en los demás y les culpamos de nuestra ira, nos permitimos ser esclavos y víctimas de ellos. Aferrarse es nocivo. Aceptar nos libera.

En la meditación conecta con lo que te da vida y te ayuda a celebrar. No es una práctica penosa, dura, difícil que implique machacarte y esforzarte con dureza. Es una celebración de la alegría de haber nacido. De poder vivir y ver con tus propios ojos la maravilla de la existencia. Perdonar es liberador y te abre la vía para celebrar que estás aquí.

Puedes fortalecer tu conexión con lo que te da vida con afirmaciones. Louise Hay, conocida escritora y difusora de terapias alternativas y del cambio de las creencias limitantes para contribuir en el proceso de sanación y de liberación de la rabia, en casos de enfermedades como el sida y el cáncer, sugiere esta: «Te perdono por no ser de la forma que yo quería que fueras. Te perdono y te libero»; «Me perdono por pretender que fueras distinto de quien eres».

PRÁCTICA DE MEDITACIÓN

Puedes practicar la meditación «Perdonar y celebrar» que encontrarás en la página 300.

19. La realidad del Ser

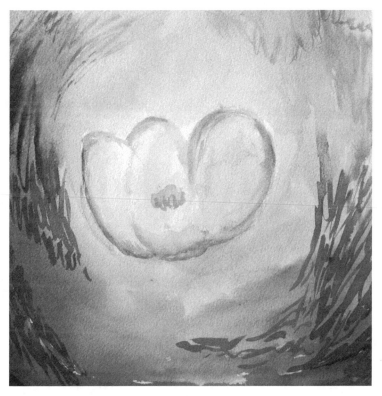

Ser

> « Al meditar constantemente, se va fortaleciendo (la mente), o sea, la debilidad de pensamientos fuera de control se reemplaza con el fondo que se mantiene libre de pensamientos. Esta extensión libre de pensamientos es el Ser.»[78]
>
> RAMANA MAHARSHI

> «Cuanto más tiempo meditamos, más conscientes nos volvemos de que la fuente de la calma que acabamos de descubrir en nuestras vidas cotidianas es precisamente la vida de Dios que fluye dentro de nosotros.»[79]
>
> JOHN MAIN

Como vimos en el capítulo 15, la transformación consiste en dejar de ser todo lo que no somos y con lo cual nos hemos identificado. Se trata de desarrollar nuestra habilidad de ser. Ser quienes somos y dejar de ser, y no querer ser, quienes no somos. El conocimiento de uno mismo facilita el proceso de pasar de las corazas a ir al encuentro de uno mismo y del otro de forma más abierta, tolerante y relajada. Desde la esencia del ser podemos conectar con la esencia de otro ser humano. Es esa conexión la que más necesitamos para cuidarnos y sentirnos cuidados. Por esencia me refiero al núcleo vital, al núcleo sano (capítulo 15).

Para entrar en la práctica contemplativa, iniciamos percibiendo e interiorizándonos y prestando atención al sí mismo. La vía meditativa que hemos ido practicando a lo largo del libro se ha centrado en estar en la percepción, y de ahí al presente y a la presencia. Ahora expongo aquí otra vía meditativa que consiste en centrarse en el pensamiento del yo, en yo soy, hasta darse cuenta de lo que no soy y disolverlo.

Podemos utilizar y ser conscientes del pensamiento «yo», no para reprimir ni controlar la mente. La concentración y el control es un ejercicio mental. Uno, cuando se concentra, está absorto en un objeto o en una idea. En la meditación, la concentración puede ser una ayuda para centrar la atención, pero no nos abre del mismo modo que la contemplación, ni abarca la totalidad del ser. No se trata de suprimir los pensamientos, sino de prestar atención a la fuente de donde surgen. «El método y la meta de la indagación del yo es mantenerse en la fuente de la mente y estar atento a lo que uno realmente es al quitar la atención e interés de lo que uno no es.»[80]

Es una meditación que nos permite indagar en el yo real, el Ser. Se trata de investigar para llegar a encontrar la fuente, aquello que nos da vida y de donde emana vida; de buscar la fuente y llegar a ella. Allí desaparece el «yo» falso y el «Yo» verdadero se realiza. Se trata de indagar en «¿quién soy yo?» tratando de buscar de dónde surge el ego o el «pensamiento-yo». Buscar la fuente del yo es la manera de deshacerse de todos los pensamientos.

En la meditación nos disponemos a abrirnos en una búsqueda del yo que subyace en el fondo libre de pensamientos. Con cada pensamiento que surge, mantenemos viva la pregunta: «¿A quién le ha surgido este pensamiento?». Si surge la respuesta «A mí se me ha ocurrido este pensamiento», continúa la indagación preguntando: «¿Quién es el "yo" y cuál es su origen?». Es una indagación que se realiza desde el silencio alcanzado con la percepción que ha acallado la mente. No es una indagación intelectual ni mental. No es un diálogo con uno mismo sobre el yo. Es una indagación silenciosa. Es una meditación en la que entramos en un silencio que nos abre a la profundidad, con el objetivo de llegar al fondo que se mantiene libre de pensamientos –en palabras de Ramana– a esa extensión libre de pensamientos que es el Ser.

Una vez que has alcanzado un estado de quietud mental, la indagación en el yo real que está detrás de los pensamientos es desde y en el silencio. ¿Quién es el yo que piensa? ¿Quién soy yo? ¿Qué fondo hay bajo los pensamientos? Ante la pregunta «¿Quién soy yo?», uno puede percibir quién ve al que piensa. Piensas algo y la conciencia en ti te dice que está bien que lo pienses, o no. Esa conciencia, ¿eres tú o es una conciencia universal que actúa y está viva en ti? Ante la pregunta, la mente se silencia para escuchar. En ese silenciamiento se ve. Es un ver en el que uno se da cuenta poco a poco y finalmente con una claridad rotunda que el yo no es un yo separado. Llega a un discernimiento en el que ve lo que es y se siente en comunión, en el gozo de la Presencia. Ve la realidad única, es decir, capta que no hay dos realidades separadas (sujeto-objeto, yo-tú) y vive la experiencia de la adualidad (no-dualidad) en la que se siente unido al Todo. Para llegar ahí, es necesario un proceso de silenciamiento y de vacío de ruidos, de imaginaciones, de interpretaciones, de proyecciones, de asociaciones, de suposiciones y de creencias; es necesario estar presente en la profundidad del silencio interior.

Para llegar a ese silenciamiento que nos permite acceder al Ser y disolver el no-ser, el yo-ego, varias tradiciones religiosas aconsejan la entrega a Dios como un medio para trascender el yo individual. Tradicionalmente, la vía de la entrega se asocia con las prácticas devocionales dualísticas, pero incluso el maestro Ramana aceptaba la validez de esta vía y, a menudo, decía que era tan eficaz como la indagación del yo. Ramana hacía hincapié en que «la entrega verdadera trasciende la adoración a Dios en una relación de objeto-sujeto, dado que solo puede llevar a un resultado exitoso cuando el que imagina estar separado de Dios ha dejado de existir. [...] La conciencia constante de Dios previene que la mente se identifique con otros objetos y aumenta la convicción de que solo Dios existe. También produce un flujo recíproco de poder o gracia del Ser, que debilita al "pensamiento-yo" y destruye los hábitos mentales que han estado perpetuando y reforzando su existencia. Finalmente, el "pensamiento-yo" se reduce a un tamaño más manejable, y con un poco de atención hacia el Ser, se puede lograr que se sumerja temporalmente en el Corazón. La realización final se efectúa espontáneamente a través del poder del Ser. Cuando todas las tendencias de la mente hacia lo externo hayan sido disueltas en la experiencia repetida del Ser, el Ser destruye al "yo" remanente en su totalidad y nunca vuelve a surgir. Esta destrucción total del "yo" tiene lugar solamente si la entrega ha sido completa y sin motivos. Si se lleva a cabo buscando la gracia o la realización del Ser, no será más que una entrega parcial, como una transacción comercial, en la cual el "pensamiento-yo" hace un esfuerzo esperando obtener una recompensa».[81]

«Lo único que se requiere es comprender que el Ser no es una meta para alcanzar, sino más bien la conciencia que queda cuando todas las ideas limitantes sobre el no-Ser han sido descartadas.»[82] Aun así, sabiendo que yo soy eso, mis hábitos mentales me llevan a lo que no soy. De ahí la importancia del compromiso en indagar, practicar y contemplar.

Si uno se compromete, mantiene determinación y se entrega por completo al Ser y a desprenderse del no-ser, la transformación y la realización del Ser puede ocurrir en cualquier momento. Incluso puede ocurrir como una experiencia de la gracia divina, de la providencia, en la cual la persona llega al silencio que todo lo abarca y vive una disolución del yo egoico y limitado.

Para llegar a la realización del Ser, Ramana Maharshi considera que «existen tres clases de aspirantes espirituales. Los más avanzados realizan el Ser al escuchar sobre su verdadera naturaleza. Los siguientes necesitan reflexionar un buen tiempo antes de que la conciencia de sí mismo se establezca en ellos firmemente. Los de la tercera categoría usualmente necesitan muchos años de práctica espiritual intensiva para alcanzar la meta de la realización del Ser». A veces Sri Ramana usaba el ejemplo de la combustión para describir los tres niveles:

«la pólvora se enciende con una sola chispa; el carbón necesita que se le aplique fuego por un corto tiempo, y el carbón húmedo necesita secarse, luego encenderse por un largo tiempo, antes de que prenda fuego».[83]

La indagación en el yo que estoy exponiendo en este capítulo corre el desafío de volverse mental, de manera que puede ocurrir que la atención que se le da a la percepción de yo sea una actividad mental asimilable a un pensamiento o sensación. Estoy planteando aquí la propuesta de mantener la pregunta «¿quién soy yo realmente?» en el horizonte, en la conciencia, sin entrar en debate ni en diálogo interior, sino manteniéndose en el espacio sagrado de silencio interior, y dejar que la respuesta llegue por sí sola. No llegará en forma de pensamiento o idea, sino como una vivencia profunda, como un silenciamiento total.

PRÁCTICA DE MEDITACIÓN
Puedes practicar la meditación «¿Quién soy yo?» que encontrarás en la página 301.

20. La unión y el gozo

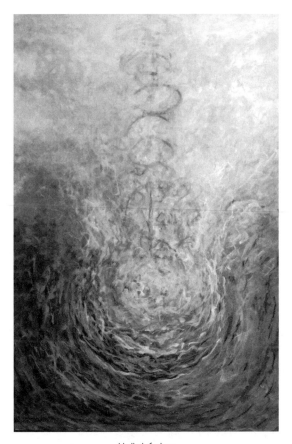

Heliotrópico

«No estamos separados, lo real es común. (...) Al igual que el oro convertido en joyas no difiere del oro en polvo, salvo cuando la mente crea la diferencia, del mismo modo nosotros somos uno en el ser: solo nos diferenciamos en apariencia. Esto se descubre siendo avezados, buscando, averiguando, cuestionando cada día, cada hora, y entregando a esa búsqueda la propia vida.»[84]

NISARGADATTA

«En la meditación nos insertamos por completo en el presente, y lo vivimos en plenitud expandiendo nuestras facultades y nuestra conciencia en la medida en que dialogamos con el Señor de la vida. La experiencia de esta percepción constituye una vivencia de unidad y simplicidad. En primer lugar, percibimos nuestra plenitud y unidad, y en tal estado de conciencia experimentamos una creciente sensación de unión con todas las personas, con la creación entera y con el Creador.»[85]

JOHN MAIN

En esta etapa, nos centramos en la practica que nos lleva a la quietud completa. Se supera la dualidad, el pensamiento discursivo, las sombras, las imágenes y los conceptos. La purificación del estrato oscuro, la limpieza interna y el haber perdonado, haber soltado y seguir dejando ir etiquetas e historias pasadas nos ayuda a acceder a una quietud cada vez más completa. Es una quietud de la que brotan y rebosan el amor y el gozo.

En mi caminar por la vida hacia una apertura de espíritu, siento que mi vivir y existir alcanza momentos de estar absorta y unida. Siento que pertenezco, que estoy conectada y gozo de estar en relación con la vida. Pertenezco, no estoy aislada, no estoy sola, soy relacional, Dios es en mí. Incluso cuando físicamente parece que estoy sola, no lo estoy. La experiencia me lleva a sentir que tengo un lugar en el mundo. Estoy conectada, no soy ajena a lo que ocurre en el planeta. Mi presencia y mis valores aportan a la interconexión con el todo, y la interconexión me aporta valor, me enriquece. Estoy en relación con la vida, con el otro, con el Tú eterno, con Dios, con la naturaleza y con el cosmos. Al vivir consciente de mi ser relacional y desde mi eje, mi núcleo sano, disfruto de pertenecer, conectar y relacionarme. Cuando me siento una con el todo, experimento una grandeza que lo desborda todo, para la que no tengo palabras.

Jálics comparte su experiencia de oración: «Al meditar me oriento a Dios. Entro en el silencio. Intento estar puramente presente sin nada más. Y eso es la presencia. Es la presencia de Dios también. De no plantear preguntas, no crear problemas, no dar explicaciones. Sino simplemente estar presente.

El silencio es la presencia de ti mismo y la presencia de Dios, ambas se juntan. Se acerca a pura presencia. No es imagen, no es una palabra. Es un silencio, un silencio que es muy presente. Estar presente, muy vivo, pero sin palabras, y sin explicaciones. Es como la presencia de ti mismo, pero que es mucho mayor. La presencia mayor conecta contigo. Tú puedes hacer preparaciones para que eso pueda llegar, y eso es el silencio. Si realmente estás en silencio, muy presente, entonces eso viene poco a poco».[86]

En la experiencia cristiana podríamos decir que es la unión mística con Jesús y el Padre. En el Evangelio según San Juan leemos: «Todo lo mío es tuyo y lo tuyo es mío. [...] Que todos sean uno, como tú, Padre, estás en mí y yo en ti; que también ellos sean uno en nosotros. [...] Yo en ellos y tú en mí, para que sean plenamente uno. [...] Que el amor con que me has amado esté en ellos y yo en ellos» (Juan 17, 10, 21, 23 y 26).

El silencio es la vía más directa hacia la unión. El silencio que nos abre a la Presencia es primordial. No es un silencio en el cual te encierras en ti mismo. La apertura es fundamental para vivir la no dualidad, es decir, la unidad con el Todo.

Hemos visto en las etapas anteriores que al abrirnos surgen capas de nuestro estrato oscuro, recuerdos de la infancia y sufrimientos enquistados en nuestro interior. Al contemplar en dirección al núcleo sano e ir soltándolos, limpiándonos de ellos y logrando un estado traslúcido, nuestra apertura permite conectar con el otro, el Tú eterno y el universo desde nuestra belleza y naturaleza positiva. Se da un intercambio como ocurre con las flores. Uno se abre como lo hace una flor, y comparte su fragancia, la belleza de su ser, sin temor a compartir también su vulnerabilidad y delicadeza. Gracias a su apertura, recibe. Está absorto en la luz divina, como la flor se abre al sol, y en la belleza que aporta y que le rodea. Ese florecer es vital, y uno siente que su existencia es plena.

Cuando abres tu corazón en consciencia plena, te entregas a lo bello, lo verdadero y lo beneficioso. Y en esa entrega estás absorto. Eres uno con el otro. Sea el otro una persona, un objeto, un animal, una flor, Dios. Vives la no-dualidad. Es pura dicha, es vivir el estado de *Sat-Chit-Ananda*: *Sat*, la verdad, lo auténtico, lo real; *Chit*, la consciencia despierta y viva; *Ananda*, la dicha, el gozo supremo.

Para vivir *Sat-Chit-Ananda*, debemos trascender nuestros conceptos. Nuestro pensamiento discursivo y nuestros conceptos y etiquetas limitan la realidad. Cuando paramos y silenciamos todo nuestro decir sobre la realidad y la dejamos hablar a ella, atendemos la experiencia de grandeza, la miramos y la vemos. Nos damos cuenta de que empieza a mostrarse ante nosotros y en nosotros el latido del universo. La realidad viva por sí misma. Cuando callamos nuestro mapa mental hecho de palabras, imágenes y símbolos, cuando los trascendemos, nos permitimos vivir en asombro y apertura.

Para acceder a esta experiencia, para invitarla, tienes que dar un paso más allá de tu yo egocéntrico. Es dar un paso para silenciar tu necesidad de etiquetar, de gestionar e incluso de comprender, y salir de tu autocentramiento para atender plenamente lo que aquí hay. Lo que hay aquí es aquí dentro y aquí fuera. Soy yo, no desde mis deseos y necesidades, sino percibiendo, viendo y viviendo la maravilla que está aquí en este momento en cualquiera de nosotros. La plenitud y el misterio de lo que cada uno de nosotros es.

En el camino al silenciamiento, decimos que hay un dentro y un fuera, porque establecemos una frontera entre nosotros y el mundo. Al silenciar nuestras palabras diluimos esa frontera, y las experiencias son de unidad. Experimento que el mundo y yo somos uno. No hay dos. Dicho en palabras creyentes o no creyentes, religiosas o poéticas, no hay dos, todo es Uno. Por tanto, ya no hay dentro o fuera, todo es aquí, en cada momento, en cada instante, en cada elemento, en todo. Cuando cruzas el muro de las palabras, en el puro silencio ves que no hay dentro y fuera. Esa grandeza es la misma en un sitio y en otro.

La vida de Jesús es un testimonio de unión con Dios, de amor incondicional, de palabras transformadoras, de irradiación de una luz extraordinaria, de sanación con sus manos y con su presencia. Una vez crucificado y resucitado, la presencia de Cristo es intensa en la vida de sus discípulos. El espíritu de Cristo vive en los apóstoles. Cristo es omnipresente, vive y actúa en todo momento y lugar. Esto nos lleva a ver testimonios de cómo vivir la unión mística, la no-dualidad. En la unión sentimos que el reino de Dios está dentro de nosotros. Poco a poco con la práctica de la meditación contemplativa vamos sintiendo la presencia divina desprovista de formas, nombres e imágenes. Sentimos la Presencia de aquel que todo lo abarca, en el que todo fue creado. Se hace la luz en nuestro corazón para percibirle, verle y reconocerle.

En el Evangelio según San Juan leemos diferentes frases en las que hay una clara indicación de haber superado la dualidad del mundo material, del pensamiento discursivo, de las imágenes y de los conceptos. Todos han de unirse tal como lo está el Padre en Cristo y Cristo en el Padre. En otros capítulos de la Biblia, se nos menciona el misterio como ese estado de unidad. El misterio es Cristo dentro de vosotros (Colonenses 1, 27). Nosotros en Cristo y él en nosotros. Nosotros somos miembros de Cristo (1 Corintios 12, 12). Vivimos en Cristo. Cristo vive en nuestros corazones (Efesios 3, 17). San Pablo mismo se ha transformado totalmente en Cristo. No es él quien vive, sino que Cristo vive en él (Gálatas 2, 20).

Varios maestros y textos sagrados de la India comparten la experiencia de la no-dualidad con lenguajes diferentes al de la Biblia, pero que nos indican la misma vivencia.

Por ejemplo, en el libro *Amritbindu Upanishad* encontramos: «Aquello en lo que residen todos los seres y que a su vez está en todos los seres, que da la gracia a todos, que es el Alma Suprema del universo y el ser ilimitado: yo soy eso. Shankaracharya escribió: Aquello que lo impregna todo, que nada lo trasciende y que, al igual que el espacio universal que nos rodea, lo llena todo por completo, por dentro y por fuera, ese Brahman Supremo y no dual: eso eres tú».[87]

Nisargadatta comparte su experiencia comparándola con la de quien vive la separación y la dualidad: «Tu mundo es personal, privado, incompartible e íntimamente tuyo. Nadie puede entrar en él, ver como tú ves, oír como tú oyes, sentir tus emociones ni pensar tus pensamientos. En tu mundo estás verdaderamente solo, encerrado en un sueño siempre cambiante que tú consideras vida. Pero mi mundo es un mundo abierto, común a todos, accesible a todos. En mi mundo hay comunidad, comprensión, amor, calidad real; el individuo es total, la totalidad es el individuo. Todos son uno y el Uno es todos».[88]

Para vivir esta unidad necesitamos atravesar por una gran liberación, y esta es la de trascender el ego, siendo consciente de nuestra identidad auténtica y viviéndola. En la India conocí el concepto del *jivan mukti*, es la salvación entendida como ser y vivir liberado en la vida, y consiste en liberarte de los deseos egoístas que te hacen sentirte separado. Siendo consciente de tu ser relacional, puedes relacionarte con el otro, con el Tú eterno, con lo material, con el tiempo y con la naturaleza, de forma fluida y conectándote con el todo, es decir, teniendo en cuenta a los demás y al planeta. Cuando experimentas la liberación en la vida, no eres un tú aislado, sino que armonizas con la naturaleza, te sientes unido, tienes la sensación de que formas parte del todo, e inspiras y acompañas a los demás hacia la liberación y la unión.

Pautas para la práctica

Para la práctica puedes ayudarte de un mantra compuesto por el nombre que para ti te acerque a Dios o que para ti es el nombre de Dios. Repetir el nombre que te acerque a la unión mística es uno de los caminos. Para un cristiano, afirma Jálics, «el nombre de Jesucristo representa su persona. A través de él nos vinculamos con Cristo mismo. Quien repite su nombre con veneración se colma de él mismo. El nombre es como el contacto visual de Pedro, cuando llegó hasta Jesús andando sobre las aguas. Por esta razón, recomiendo repetir el nombre de Jesucristo hasta que descienda a nuestros corazones y esté presente en forma ininterrumpida. El nombre nos conduce a Jesucristo».[89]

PRÁCTICA DE MEDITACIÓN

Puedes practicar la meditación «Unión y gozo» que encontrarás en la página 303.

Árbol en presencia

Yo soy en Presencia: he llegado a casa

En esta etapa, al meditar sientes que has llegado a casa. Llegar a casa es vivir en tu naturaleza esencial. Llegar a casa es vivir el reino de Dios. Jesús dijo a sus discípulos: «La llegada del reinado de Dios no está sujeta a cálculos; ni dirán: "Míralo aquí, míralo allí". Pues está entre vosotros» (Lucas 17, 20-21). Es decir, no será en un futuro, sino que es ahora. Solo cuando sea ahora en ti, empezará a serlo a tu alrededor, hasta que alcancemos el número crítico de consciencias despiertas que generará el cambio global. Será en ti cuando entres en un silencio creador y lo vivas. El silencio es el puente que nos conecta a las realidades que existen y funcionan más allá de nuestra lógica y de nuestros sentidos. El silencio nos une a la esencia de nuestro ser, facilitando cercanía y conexión con uno mismo y con el otro.

En la medida en que estás silenciándote y vaciándote de ti, encuentras la paz y la libertad de tus propias sombras. Despierta en ti la atención a todo como si fuera tu propio cuerpo. Salir de ti no es descentrarte. Tu centramiento desde tu eje te permite ir más allá de tu yo egoico y absorberte en una realidad trascendente. Tu eje es tu núcleo sano. Tu eje es Dios. Tu eje es ser y estar en Presencia.

Repetir el mantra «Yo soy» nos conduce al yo soy real, y abandonamos lo que no somos, lo irreal. Este es el mantra que recomiendan Nisargadatta y Ramana Maharshi, y también Jálics en sus últimos años de enseñanzas. Expliqué al principio del libro que en un encuentro con él (en 2015) me dijo que si volviera a escribir *Ejercicios de contemplación* ampliaría algunos consejos, entre ellos incluiría el mantra «Yo soy», ya que es el que usa él en su meditación. También me explicó que llega un momento en que el mismo mantra se disuelve y lo estás viviendo, es decir, vives: yo soy.

PRÁCTICA DE MEDITACIÓN

Puedes practicar la meditación «He llegado a casa» que encontrarás en la página 305.

21. Interacción entre la quietud y la actividad. Prácticas para el día a día

Presencia acción quietud

> «Permanecer en la presencia de Dios ayuda mucho al progreso. Para sentir la presencia de Dios en la acción, es importante volver lo más posible a Dios. No es necesario mucho tiempo, pero sí estar siempre algo conectado. ¿Qué ayuda a volver a la presencia de Dios? Dios mismo ayuda. La conciencia de estar con Dios y el deseo de estar con Dios.»[90]
>
> FRANZ JÁLICS

> «Tu dedicación marcará el grado de progreso.»[91]
>
> NISARGADATTA

Es posible vivir la contemplación fuera de la oración y de la práctica meditativa. En realidad, no solo es posible, sino que es una actitud de vida necesaria para vivir desde la autenticidad del ser. Se trata de aprender a hilar la meditación con las diferentes acciones en las que estemos involucrados. En este capítulo vamos a ver cómo infundimos la actitud contemplativa en la acción y en nuestro día a día. Cuanto más capaces somos de vivir la Presencia en el silencio de la meditación contemplativa, más podremos vivir en presencia en la acción. Infundiremos a nuestra actividad la alegría de vivir, la paz y la armonía de nuestro ser. Para ello es necesario sentir la responsabilidad desde el amor y la alegría (no desde la obligación y la presión) y comprometerse con entrega, dedicación y entusiasmo. Sin compromiso, las múltiples distracciones y mensajes que nos llegan a diario pueden acabar atrapándonos en una espiral donde abundan la velocidad, la presión y el ruido.

Dedicación comprometida

Es necesario el compromiso de dedicar tiempo a la quietud y al silencio, para que la acción surja del núcleo sano y no de las tendencias adquiridas o de las reacciones emocionales a lo que ocurre alrededor. Podemos marcarnos unos tiempos en nuestra agenda para acallar la mente y sentir la Presencia; para deshacernos de capas de «polvo» que van cubriendo nuestro ser sin darnos cuenta; para vivir despiertos y alerta.

Todo lo que he compartido contigo hasta aquí no lo podrás llevar a tu vida diaria sin compromiso. Necesitas un nivel de compromiso apasionado y sincero que te ayude a superar las debilidades, las sombras y las dificultades. Con compromiso verás cómo tus energías positivas y vitales fluyen. Te lo tienes que proponer, debes querer. Toma la decisión, ten la voluntad y hazlo. Ahora. Atrévete a comprometerte. Comprométete de forma decidida en la práctica de nuevas actitudes, de crear pensamientos y acciones que surjan del núcleo sano y de la actitud contemplativa. Cultiva tu plenitud, te lo mereces. Cuida tu Ser. Atrévete a liberarte de lo irreal y de la prisión que tú mismo has construido en ti y a tu alrededor. En el silencio de la meditación, te ofreces para ser desnudado de capas que ocultan el Ser, para ser limpiado de creencias limitantes, para ser traslúcido, ligero, luminoso.

Frente a todo aquello que te aleje, te distraiga o te debilite, aprende a decir *no*. ¿Por qué tienes la necesidad de quedar bien y dices *sí* cuando en tu corazón quieres decir *no*? Tú conoces lo que te inspira y motiva, lo que te mueve, lo que te da vida y te revitaliza: ve a por ello. Sé fiel a tu pacto, al pacto contigo mismo.

Busca ayuda, espacio y silencios. Los entornos en que normalmente vivimos y trabajamos son altamente disfuncionales para este tipo de cambios profundos. Busca la ayuda de espacios, de personas, de libros, de grupos y, sobre todo, momentos diarios para la contemplación.

Amor y responsabilidad

Permitamos que nos mueva el amor. La realidad que nos han transmitido los autores laicos y autores creyentes cuando son tocados por la Fuente tienen puntos en común: se da la veneración, la admiración y un profundo respeto que lleva a tomarse en serio hasta la vida más minúscula, a no dar nada por hecho, a ocuparse de todo. No es que uno se haga responsable porque se tiene que ser responsable, sino que es el amor el que le mueve a dar y a darse.

La responsabilidad puede ser un camino de salir de ti. Pero es también uno de los frutos de esa visión de la realidad que te muestra que todo es de un gran valor. Esa experiencia despierta en ti veneración, amor, valor por todo, reconocimiento, responsabilidad, infinita paz. Porque se detiene la batalla que nos genera nuestro propio ego, con sus demandas, sus miedos, sus expectativas y sus temores.

La responsabilidad consiste también en eliminar las contradicciones en la propia vida. «El mundo real está más allá del alcance de la mente. Para ver el universo como es, tienes que ir más allá de la red de los deseos, divididos en dolor y placer, bueno y malo, interno y externo. [...] A cada paso hacéis y deshacéis. Queréis paz, amor, felicidad, y no cesáis de crear dolor, odio y guerra. Queréis longevidad, y abusáis de la comida; queréis amistad, y explotáis a los demás. Observa tu red hecha de tales contradicciones y elimínalas, el hecho de verlas hará que desaparezcan.»[92]

Orientarse en dirección al núcleo sano

Una y otra vez dirígete hacia tu núcleo sano. Es tu esencia, eres tú. Ahí eres a imagen y semejanza de Dios. Al estar en ti, estás en el todo, en la totalidad. Busca anclajes que te recuerden tu núcleo positivo y te ayuden a vivir desde tu ser. Quizá alguna imagen o foto, una frase o una afirmación, o un rincón en la naturaleza. Rodéate de aquello que te recuerda lo mejor de ti, y te encamina hacia tu centro.

Se trata de estar plenamente presente, de dirigirse a la Presencia. Silenciar las preguntas, los pensamientos, y en el puro silencio vivir la Presencia. La Presencia te lleva a tu núcleo sano, y tu núcleo sano te lleva a la Presencia. No solo nos lo recuerdan autores cristianos como Jálics, pues autores como Nisargadatta también nos dicen: «Las reacciones emocionales nacidas de la ignorancia o la inadvertencia nunca están justificadas. Busca una mente clara y un corazón limpio. Lo único que necesitas es permanecer tranquilamente alerta, investigando la auténtica naturaleza de ti mismo. Este es el único camino hacia la paz».[93]

Independencia de los resultados

Pon tu mejor intención en todo lo que hagas y digas. Los resultados no siempre dependen solo de ti. Hay muchos factores que influyen e interfieren. No quieras controlarlo todo. El éxito y el fracaso son relativos, dependen de diferentes elementos y situaciones que se van desencadenando. Confía en Dios, en la fuerza universal de amor y sabiduría. Lo que hoy parece una desgracia mañana lo vives como una bendición.

El egoísmo, la maldad, la avaricia y la codicia son causas de gran inestabilidad en el mundo, provocan guerras, calentamiento global y muchas injusticias. Debemos posicionarnos ante estas situaciones con contundencia. Pero hagámoslo desde la positividad de nuestro ser y desde la compasión. Desde lo que queremos y apostando por lo que queremos, es decir, no desde luchar en contra de lo que no queremos, sino a favor de lo que queremos, de lo que es beneficioso para el mundo. Debemos centrarnos en lo que queremos, no en lo que no queremos.

Inspirar y espirar

Siempre, en todo momento, estamos inspirando o espirando, lo hacemos hasta el instante de nuestra muerte. Regresar a la respiración, percibir el aire que entra y el que sale nos trae al presente y a la presencia. Hagámoslo conscientemente varias veces al día.

Date una pausa, y percibe la respiración. En la percepción, la mente descansa y vuelves al presente.

Gratitud. La alegría de haber nacido y celebrar que estás aquí

La gratitud y el agradecimiento nos permiten vivir con apertura y convivir con el sufrimiento sin que este nos inunde y nos encierre en nosotros mismos. Un corazón compasivo ama desde la comprensión, perdona y no guarda rencor. Ha soltado el pasado, se ha reconciliado con él y agradece el presente. Es fuerte para acoger el sufrimiento y vivir en plenitud el camino que lo alivia. Es un corazón que vive en la gratitud.

Es bueno que cultives una mente y un corazón agradecidos que no dejen que las percepciones negativas nublen tu mirada. Agradece lo que tienes, lo que es, la vida que te mueve y tus aprendizajes. En vez de enfocarte en lo que no tienes, en lo que va mal, en quejarte por todo lo que no es como crees que debería ser, empieza a agradecer lo que sí es. Agradece estar vivo. Celébralo. Comparte esta celebración y celebremos juntos.

La gratitud abre nuestra mente y corazón. Al abrir la mente, se amplía nuestra capacidad para lograr más haciendo menos. Gastamos menos energía vital que de otra manera perderíamos con ansiedad, estrés y resistiéndonos a lo que es. Al agradecer creamos un espacio de descanso en nuestro interior.

Ramana nos clarifica: «Realmente no existe causa alguna para que te sientas miserable e infeliz. Tú mismo te impones limitaciones sobre tu naturaleza real de ser infinito y luego te lamentas de ser meramente un ser finito. Entonces te dedicas a una u otra práctica espiritual para trascender las limitaciones no-existentes. Si la misma práctica espiritual asume la existencia de limitaciones, ¿cómo puede ayudar a trascenderlas? [...] La felicidad absoluta no se añade a tu naturaleza, sino solo se revela como tu estado real y natural, eterno e imperecedero. La única forma de quitarse el sufrimiento es conocer y ser el Ser».[94]

Practicar el interser

> «Toda vida verdadera es encuentro.»[95]
>
> Martin Buber

Las virtudes, la práctica de la meditación y la transformación personal son necesarias, pero son insuficientes para superar los grandes sufrimientos causados por las estructuras de opresión. Con la práctica del interser, Thich Nhat Hanh propone cultivar las responsabilidades en la vida familiar, en el trabajo y en la comunidad. El interser sugiere varias prácticas y actitudes para convivir con los problemas y sufrimientos de la vida cotidiana. Entre ellos propone:[96]

✧ Vivir en **apertura**, siendo conscientes del sufrimiento creado por el fanatismo y la intolerancia. No vamos a idolatrar o atarnos a ninguna doctrina, teoría o ideología, por las que tengamos que pelear, luchar, matar o morir por ellas. «Buda consideró sus propias enseñanzas como una balsa para cruzar el río y no como una verdad absoluta de la que colgarse o a la que adorar.»[97] Vivir en apertura nos facilita no encerrarnos por las creencias. «El colgarnos de los puntos de vista puede impedirnos llegar a una comprensión más profunda de la realidad.»[98] Véase más sobre la apertura en el capítulo 16, «Ábrete, abraza y libérate».

✧ **El desapego**, es decir, no aferrarse a ideologías y opiniones. El apego a los puntos de vista y a las percepciones erróneas surge de una mentalidad estrecha que no permite tener en cuenta al otro en toda su totalidad ni escucharlo en profundidad. El no apego a nuestros puntos de vista nos abre a las perspectivas y experiencias del otro, y nos enriquece personal y relacionalmente. El conocimiento que tenemos ahora está sujeto a los cambios según las experiencias que vamos adquiriendo, y por tanto no es la verdad absoluta.

✧ **La libertad de pensamiento**. Seamos conscientes de que causamos sufrimiento cuando forzamos e imponemos nuestras creencias y pensamientos sobre los otros. Podemos imponerlos por autoridad, amenaza, soborno, propaganda, adoctrinamiento, dinero, intentando que el otro adopte nuestra manera de pensar. Vivir la libertad de pensamiento es respetar que los otros sean diferentes y elijan lo que quieren creer y en base a qué van a decidir. También es importante el compromiso a acompañar a otros a salir del fanatismo y de la estrechez a través del diálogo compasivo y del diálogo apreciativo.

✧ **Abrazar el sufrimiento**, mirarlo en profundidad nos ayudará a desarrollar la compasión y a encontrar vías para salir de él acogiéndolo, no negándolo ni huyendo de él. El sufrimiento puede tener poder terapéutico y abrirnos los ojos para ver con mayor claridad lo que está ocurriendo. Sin embargo, sufrir demasiado puede minimizar nuestra capacidad de amar. Por esto es importante conectar con lo que nos da vida y nos hace florecer, para que el sufrimiento no nos hunda. Debemos conocer nuestros límites y reconocer, como dijo Epicteto, que «no son las cosas que nos pasan las que nos hacen sufrir, sino lo que nos decimos sobre ellas».[99]

La práctica de la meditación contemplativa nos lleva a ser conscientes de los problemas del mundo. Nos hace conscientes de lo que ocurre en nuestro ser y en el mundo. Lo que ocurre en el mundo también pasa en nuestro interior, y viceversa. Al ver esto con claridad adoptaremos una posición para actuar. No nos quedaremos parados. «Si no somos capaces de ver lo que sucede a nuestro alrededor, ¿cómo podemos ver lo que ocurre en nuestro ser?»[100]

Interser es darse cuenta de la relación que hay entre la naturaleza del ser y la naturaleza del sufrimiento, la injusticia, la guerra, el hambre y la opresión. Por este motivo es importante no darle la espalda al sufrimiento, sino más bien mirarlo a la cara; hacerlo porque nos hace humanos, nos conecta con la vulnerabilidad, amplía nuestra comprensión y potencia nuestra compasión.

Aunque en el camino hacia la alegría de ser y de existir vivamos tristeza, miedo, dolor y sufrimiento, sabemos que son temporales y que no forman parte de nuestra naturaleza intrínseca, de nuestro núcleo sano. Llega un momento en el que, al vivir en el ser y habernos despojado del no-ser, somos pacíficos y cocreadores de armonía en nuestro alrededor. Y, cuando llegue ese momento, cuando vivamos la armonía y la no-violencia que brota del Ser, no provocaremos sufrimiento en otros.

✧ **Canalizar la rabia**. La ira bloquea la comunicación y crea sufrimiento. Las semillas de la ira yacen en nuestro interior. Debemos disolverlas. Cuando estemos enojados y enrabiados, comprometámonos a callar, no para reprimir, sino para canalizar la rabia de forma más saludable para cuidar nuestras relaciones. En momentos así dediquémonos a respirar, a caminar, a reconocer y abrazar nuestra ira. «Si dejamos de pensar, hablar y actuar, se abrirá en y ante nosotros el espacio para que veamos y comprendamos.»[101] Aprendamos a mirar con compasión a aquellos de quienes pensamos son los causantes de nuestra rabia. Solo el amor y la comprensión nos acompañarán a cambiar la relación para que sea más saludable. La meditación contemplativa nos lleva a comprender que el causante de nuestra rabia está influido por una serie de creencias, miedos, acontecimientos, relaciones y entornos. «La compasión es el agua dulce que brota de la fuente del entendimiento.»[102] Practicar el mirar en profundidad es la medicina básica para la ira y el odio. Durante la meditación podemos iluminar desde nuestra conciencia, desde nuestro núcleo sano, nuestros sentimientos desagradables e identificar así sus raíces.

A veces nos sentimos bien y en paz, pero quizá las semillas de la ira siguen latentes dentro en nosotros y explotan en algún momento provocadas por una situación o persona. Cuando la rabia empieza a surgir, podemos transformarla siguiendo nuestra respiración, percibiendo el aire que entra y el que sale. Si no podemos transformarla de inmediato, es mejor dejar la situación y refugiarse en el caminar contemplativo. Ve a un jardín, a un parque, a un bosque o a la playa y camina. También puedes escribir o dibujar tu rabia, soltándola en un papel.

✧ Otra práctica del interser radica en vivir una **vida de sencillez**. Vivir siendo conscientes de que la felicidad está enraizada en la paz, la libertad, el amor, el respeto, la compasión y el estar centrados en el núcleo sano de nuestro ser. Esta conciencia nos hace ver con claridad que nuestra meta no es acumular riquezas y fama, mientras millones de personas están hambrientas.

Seremos consumidores responsables, y no introduciremos toxinas (alcohol, drogas ni otros productos que contienen toxinas) en nuestro cuerpo ni en el cuerpo colectivo. El consumo responsable también implica vivir sin causar violencia en nuestro entorno, a los animales ni a la sociedad. Se trata de ser conscientes de las realidades globales a nivel económico, político, social y medioambiental, tanto en nuestra manera de consumir como en nuestro estilo de vida y en nuestras inversiones. El carnicero no es el único responsable de matar a los animales. Los mata porque nosotros compramos trozos de carne cruda empaquetada en plástico en el supermercado o cocinada en el restaurante. Por tanto, el acto de matar es colectivo. Todos estamos implicados.

Vivir una vida de sencillez es liberarse de presiones innecesarias. Muchas personas viven bajo presión porque intentan alcanzar un listón de posesiones, poder, posición social, etc., que requiere un gran esfuerzo y les deja exhaustos, estresados y ansiosos. Vivimos bajo la ansiedad de tener que pagar hipotecas, y para mantener el nivel de vida, estamos metidos en una rueda en la que no paramos de dar vueltas. Con menos podemos ser más felices y disponer de más tiempo para descansar, contribuir, ayudar, colaborar y gozar de manera sencilla. Si uno tiene riquezas, vivir en sencillez es utilizarlas conscientemente, sin derrochar y compartiendo.

✧ Otras prácticas del interser incluyen el **vivir en el momento presente** desde la alegría, con el compromiso de no perderse en lamentarse por el pasado; **comunicarse y ser conscientes de la comunidad**. La falta de comunicación lleva a la separación y al sufrimiento. Esforzarse en mantener los canales de comunicación abiertos, reconciliarse y escuchar; **hablar con dulzura**, de forma **sincera y honesta**, cuidar nuestras palabras; **vivir con reverencia por la vida**, con **generosidad** y con **la conducta adecuada**.

Otras prácticas que recomiendo tener en cuenta para el día a día son:

Sentido del humor

Aprende a reírte de ti mismo. Relativiza lo que ocurre. Busca la compañía de aquel o aquella que logra hacerte reír. No la risa burlona, sino la verdadera risa que surge de la alegría y del gozo, de la dicha del aquí y del ahora en presencia plena. Cuando ríes, estás aquí, ahora. Cada día ríe y sonríe más a menudo.

Lo que es, es

Practica el dejar que lo que es sea, y dedica tu atención, compromiso y determinación a conectar con lo que te da vida, en vez de luchar en contra de lo que no te nutre ni da vida. Recuerda: aquello a lo que le prestas atención crece. Al vivir en unión y comunión con lo esencial, decides en qué proyectos y esfuerzos merece la alegría dedicar tu tiempo y tus recursos, y en cuáles es mejor decir que no. No quieras salvar al mundo ahogándote en él. Imagina que tu mente es una barca que fluye por el río de la vida. Si las situaciones del mundo que ocurren en el río invaden la barca, la barca se hunde. Una mente sobresaturada por los problemas del mundo no tiene la claridad para decidir ni para actuar con lucidez.

Páginas matinales

Tú mandas sobre tu mente. Recuérdalo. Cuando es la mente la que dirige tu ser, estar y hacer, es que estás bajo la influencia de tus deseos, hábitos mentales y creencias, y tu voluntad se ha quedado dormida, anestesiada o dominada por otras fuerzas. A veces te propones algo, pero tu mente te distrae y sabotea tus propósitos. En estos casos recomiendo realizar las páginas matinales. Es una práctica muy útil para descargar la mente y soltar bagaje interior, para clarificar las diferentes voces internas y para tener mayor lucidez en el proceso interior. Se trata de escribir tres páginas cada mañana durante un mínimo de veintiún días seguidos.

Cada mañana antes de mirar el teléfono, el ordenador, las noticias; antes de ponerte en acción, de entrar en conversación, toma tres hojas en blanco y ponte a escribir lo que salga. Al estar aún medio conectado con el mundo de los sueños, lo que sale es más profundo. Si un día no sabes qué escribir, escribe: «No sé que escribir». A los pocos días de iniciar la práctica, van saliendo ideas más claras y uno se va dando cuenta del bagaje interior que necesita soltar. También se aclara la mente y se apacigua al darle la oportunidad de soltarse. No es necesario que las páginas tengan un orden ni un plan, ni pensar que luego tú u otra persona van a leerlas. Es una práctica de soltar y soltarte. También puedes dibujar, si lo prefieres. Cada mañana toma lápices de colores y una hoja en blanco, y dibuja lo que salga.

Actitud de servicio

Todas las tradiciones religiosas y espirituales ofrecen caminos que se sostienen en tres pilares: 1) la práctica de la oración, el silencio, la contemplación o la meditación; 2) los textos sagrados, el conocimiento, el nutrir la mente y el ser de sabiduría para eliminar la ignorancia, y 3) la actitud de servicio. Interser también nos hace conscientes de vivir una vida de servicio, de ayuda al prójimo, de cooperación y solidaridad. Aprendemos a amar a los demás conviviendo en comunidad, en familia y/o participando de proyectos de voluntariado. Al darnos y compartir nuestros dones, nuestro tiempo y nuestra vida con otros, disolvemos el yo egocéntrico que está poseído por la codicia, la avaricia y el apego. Realizar acciones de voluntariado y ayudar al prójimo nos hace más humanos y nos da un baño de realidad para salir de nuestras fantasías mentales. De todas maneras, es importante tener en cuenta la advertencia de Ramana: «Al servir, uno debe estar libre de la noción de que él mismo está ayudando a otros, debe no tener apego y ser indiferente a las consecuencias de sus acciones».[103] Es decir, no hay que estar esperando recibir alabanzas o privilegios como consecuencia de lo que uno hace.

Se trata también de crear cada pensamiento y cada sentimiento con una intención beneficiosa y de servicio. Asegúrate de que tus intenciones sean saludables y no violentas. Practica la consciencia plena con intenciones que incluyen al yo relacional, al otro, a la comunidad y al mundo. Son intenciones que unifican, no dividen. Se trata de vivir el compromiso de incidir de manera positiva en el mundo para dejar de ser parte del problema y pasar a ser parte de la solución.

Nuestra forma de ver el mundo influye en cómo nos sentimos, en cómo nos encontramos y en lo que necesitamos. Algunos perciben el mundo exterior como una presión insoportable que anula el impulso vital y creativo. Se sienten traumatizados y se encierran en una soledad deprimente. A mí me gusta ver el mundo como un espacio de gran belleza y con múltiples posibilidades; un lugar lleno de vida y de personas hermosas; una naturaleza abundante llena de colores; una tierra cuya diversidad ofrece muchas alternativas y una gran riqueza. Esta visión despierta en mí una actitud abierta a asombrarme, maravillarme y enriquecerme; abierta a aprender, compartir y amar. No ignoro los aspectos sombríos, pero no me centro en ellos. Actúo con contundencia y responsabilidad para contribuir a transformar, disminuir o eliminar ciertos aspectos desafiantes del mundo, como el calentamiento global, la falta de agua o la injusticia social. Por ejemplo, la electricidad que consumo en casa y en mi espacio laboral viene de fuentes renovables. Consumo productos ecológicos y de proximidad. Soy activista ecologista y vegetariana desde los dieciséis años; es decir, hace más de cuarenta años que no pruebo la carne ni la necesito.

Ver la maldad, la mentira, el terrorismo y la violencia me provoca preocupación, pero me aferro a lo que me da vida y conecto con la compasión. Hay personas que ven y sienten el mundo como un peligro, una posibilidad constante de engaño, robo y muerte, una amenaza a sus vidas. Esto les causa miedo. Viven con temor en su cuerpo, viven su vida como una tragedia llena de penas y fracasos. En cambio, si vieran el mundo como un manantial de belleza que pueden gozar, un lugar donde la incertidumbre despertara en ellos sus ganas de vivir la novedad, lo experimentarían como una aventura llena de momentos bellos.

Según como uno se posicione ante el mundo y ante sí mismo, vivirá gozando o sufriendo, confiando o temiendo. Hay historias de vida muy duras y quizá uno por sí solo no sabe y no puede cambiar su posicionamiento ante los hechos que ha vivido y está viviendo. Creo fundamental que nos ayudemos para lograr aligerar las cargas internas de unos y otros y ser capaces de posicionarnos en el mundo conectando con lo que nos da vida y desconectando de lo que nos aplasta interna y externamente.

Cuando actuamos con el propósito de servir, de ser de ayuda, nuestras corrientes internas egocéntricas se van disolviendo. Nos abrimos al otro y al mundo. Aprendemos a amarnos dejando que el Amor que fluye en el ser y en el Todo nos una en la realidad de lo que somos.

Acompañar a otros

La meditación nos abre al otro y nos facilita poder ser de ayuda para florecer juntos. La práctica contemplativa ayuda al que acompaña a otros, al acompañante, a:

- ✧ Escuchar más allá de las palabras.
- ✧ No juzgar.
- ✧ Estar plenamente presente.

◇ Conectar con la intuición.

◇ Ser observador imparcial.

◇ Ampliar el campo de posibilidades infinitas.

◇ Confiar en uno mismo y en los propios recursos.

Veamos cada uno de estos aspectos:

Escuchar más allá de las palabras

A veces lo que la persona dice no es realmente lo que su ser quiere expresar. El acompañante, desde un estado meditativo, puede leer y comprender entre palabras. Su escucha es plena. Tiene el «tercer oído» alerta y activo. Entonces en la conversación avanzamos de escuchar fijándonos en el mundo de los objetos y hechos, para entrar a escuchar la historia de un ser esencial vivo y que está en evolución. Otto Scharmer lo describe así: «"No puedo expresar con palabras lo que siento. Todo mi ser ha bajado de velocidad. Me siento más aquietado y presente, y siento mucho más mi ser real. Estoy conectado con algo mayor que yo mismo." Esta forma de escucha avanza más allá del campo y nos conecta a un espacio de lo que brota de una mayor profundidad. Denomino a este nivel de escucha: la escucha generativa o escuchar desde el campo que emerge de la posibilidad futura. Este nivel de escucha requiere que accedamos no solo a nuestro corazón abierto, sino también a nuestra voluntad abierta, a nuestra capacidad de conectar con la posibilidad futura más elevada que pueda emerger. Ya no buscamos más fuera. [...] En este proceso de escucha, al final de la conversación, ya no sois la misma persona que al inicio. Habéis pasado por un cambio profundo y sutil que os ha conectado con una fuente de saber más profunda, incluyendo el conocimiento de la mejor posibilidad y el mejor ser futuro».[104]

No juzgar

Aceptar lo que es y no juzgar es permitir a la persona expresarse libremente. Los juicios son como obstáculos en el sendero. Aceptar dónde está la persona y no juzgarla le ayudará a ver un camino abierto para recorrer sin trabas.

Cuando temes que te juzguen, no te abres al otro, ni eres sincero. Cuando acompañes a alguien, como tutor, terapeuta, acompañante espiritual, *coach*, profesor, padre o madre, etc., procura crear un ambiente de no juicio, de aceptación del otro, así le ayudarás en su proceso de apertura.

Estar plenamente presente

La meditación te centra y ello es esencial, porque como acompañante has de estar plenamente presente. En el momento del encuentro con el otro, la persona debe sentir que él o ella es lo más importante para ti. Es bueno que medites un mínimo de diez minutos antes del encuentro para que, cuando este se inicie, hayas silenciado tus ruidos interiores y la persona entre en ese ambiente de presencia y centramiento. Si puedes, medita con él o ella al inicio del encuentro; será beneficioso para ambos.

Para que nuestra presencia genere estados positivos, debemos vivirla. Te recomiendo *El poder de nuestra presencia: una guía de coaching espiritual* para profundizar más en las habilidades necesarias para que tu presencia sea transformadora.

La meditación nos ayuda a que nuestra presencia estimule los atractores emocionales positivos, es decir, el estado emocional que empuja a la persona hacia su yo ideal, que es su ser auténtico. Estimular estos atractores tiene el efecto de mejorar el bienestar del acompañante, de la persona que acompaña y de la relación entre ambos. Nos ayuda a conectar con nuestro núcleo sano.

Conectar con la intuición

Con la meditación se detiene la cháchara mental y racional. Dejas de analizar, planificar, racionalizar. Así das paso a la intuición, a la sabiduría profunda. Escuchas mejor y eres capaz de mantener el campo. Desde la intuición, es más fácil que aparezca la pregunta adecuada que le facilitará a la persona abrirse a sí misma, al otro y a la presencia. La intuición es clave para saber qué pregunta plantear en qué momento; para sentir lo que se necesita; para comprender a la persona y para guiar el encuentro de la mejor forma posible. Con intuición puedes danzar en el momento, acompañando a la persona en su proceso con armonía y complicidad. Con intuición conectas con tu sabiduría innata y abres el canal para que la otra persona también se conecte con su sabiduría.

Ser observador imparcial

La meditación coloca al acompañante en un estado de observador imparcial. Así, el acompañante no opina, en el sentido de que no se decanta por esto o aquello. Acepta las diferentes miradas y perspectivas. Observa el proceso de la persona a la que está acompañando sin «meterse» en ella. Fluye y acompaña, danza en el momento, pero no se «contagia» de lo que sea que le ocurre a la persona. De esta manera, no le influye la negatividad ni la energía que la persona proyecte sobre él. Más bien, con su presencia pacífica, aclara, inspira e ilumina a la persona que tiene enfrente.

Ampliar el campo de posibilidades infinitas

Meditar te acompaña a salir de la caja de las limitaciones. Sales de creencias, de percepciones y de juicios limitantes. En ese estado meditativo, el acompañante genera un imán para que la persona a la que está escuchando también salga de su caja limitante y amplíe el campo de posibilidades infinitas.

Confianza en uno mismo y en los propios recursos

Cuando confías en ti mismo, despiertas mejor la confianza del otro en ti. Iniciar el encuentro en un estado sereno te permite mantener abierto tu almacén de recursos internos. Te das cuenta de que puedes y tienes mucho para ofrecer. Te mantienes conectado con la abundancia del todo y eres un instrumento de Su Luz.

La etapa final: el principio

«La etapa final de la meditación se alcanza cuando el sentido de la identidad va más allá de "yo soy tal y tal", más allá de "así soy yo", más allá de "yo soy solo el testigo", más allá de "hay", hasta llegar al ser puro, impersonalmente personal –afirma Nisargadatta–. Pero debes ser enérgico cuando te dediques a la meditación. Con toda seguridad, no es una ocupación a tiempo parcial. Limita tus intereses y tus actividades a lo que sea necesario para ti y para cubrir las necesidades de los que dependen de ti. Reserva todas tus energías y todo tu tiempo para romper el muro que la mente ha construido alrededor de ti. Créeme, no te arrepentirás.»[105]

Gracias a la práctica contemplativa, podrás entrar en acción cuando sea necesario desde tu núcleo sano. Tu acción estará penetrada por toda la belleza, la bondad, la positividad y la autenticidad de tu Ser.

Cuando eres plenamente consciente, vives con sentido y dándote cuenta de la realidad presente. Mantienes tu consciencia viva. Puedes practicarlo en este mismo instante. La plena consciencia es al mismo tiempo un medio y un fin. La Presencia es el medio y el fin. La semilla y el fruto. Estar en casa es estar bien aquí ahora. No has de ir a ninguna parte. Tu mente y tu corazón están bien aquí. La paz es el camino. El amor es el camino. La felicidad es el camino. La libertad es el camino.

Llegar a casa es no correr más. Aunque mi cuerpo esté en pleno movimiento y mis manos en acción, mi mente y mi corazón están en casa, en el Ser. No es una declaración ni una afirmación, es una realidad. Estoy en casa, en mi hogar. Mi consciencia está tranquila. A cada paso estoy en casa. Cada paso me da libertad, si no es así, no lo doy. Espero paciente a que sea el momento de darlo.

Camino en la alegría de respirar y estar viva. Disfruto de estar y vivir en el reino aquí y ahora. El reino futuro quizá será mejor. Pero no vivo a la espera de que esa promesa se cumpla. La promesa puede ser una trampa. Lo que soy y tengo es ahora.

Estar en casa es sentir que pertenezco al mundo, quizá a un mundo intangible también, quizá a Dios y a la Presencia que todo lo es y todo lo abarca.

Estar en casa es sentir que tengo un lugar en el mundo. No es aferrarme a un espacio físico concreto, a una casa, sino que el espacio es donde estoy. En el avión, en el metro, en la calle, entre los pinos, en el mar, en la montaña, en la ducha. Estar en casa es estar bien en mi cuerpo.

Ya no luchas por atrapar un destino. Haces lo que haces consciente de lo que haces. Confías: vas camino a casa, a tu propia naturaleza, a tu hogar, a ser tu Ser. Desvelas tu naturaleza primordial de luz, claridad y pureza. Abandonas miedo y ambición nociva, te conviertes en lo que eres, estás cómodo, tu corazón se abre, y el gozo en libertad llena tus días.

Ha llegado el momento de volver a la esencia. Este es el momento del cambio. Puede producirse en cualquier instante. Descomplícate. Valora la sencillez y sé sencillo. Medita. Contempla. Ora. Vive en Presencia. Agradece y goza de ser aquí y ahora.

Apéndice 1
Prácticas creativas

Capítulo 1
Diario apreciativo: la llamada interior

La encontrarás en la página 42.

Capítulo 9
Apreciar

La encontrarás en la página 98.

Capítulo 15
Encontrar tu afirmación como puente hacia tu centro.
Práctica creativa para atravesar las capas de tu ser.

La encontrarás en la página 164.

Capítulo 18
Dibujar el triángulo sagrado y meditar

La encontrarás en la página 205.

Apéndice 2
Meditaciones grabadas

Enlace a todas las meditaciones:

https://www.letraskairos.com/meditacin-contemplativa

Capítulo 2
Meditación «Entrar»

Encuentra un lugar tranquilo y acogedor. Una música suave y una luz tenue pueden ayudarte a crear un ambiente adecuado. El silencio es lo ideal, pero al inicio la música puede acompañarnos para facilitar la entrada a la meditación. Siéntate cómodamente en un *zafu* (cojín especial para meditar), una banqueta, en el suelo sobre una alfombra o en una silla, manteniendo la espalda recta, relajada pero sin dejadez. Se trata de lograr la alineación correcta de la columna vertebral. Coloca las manos relajadas sobre las piernas. Cierra los ojos y relájate.

Relaja tus pies y siente una corriente relajante que sube por las piernas y te relaja. Suelta las tensiones. Relaja el vientre.

Deja ir cualquier tensión y relaja la respiración. Suelta tensiones en las manos y brazos relajándolos.

Relaja los hombros y el cuello.

Vas relajando el rostro, las mejillas, la frente, los ojos. Siente que todo tu cuerpo se relaja.

Céntrate en la respiración. Percibe el aire que entra y el que sale. Percibe el movimiento del diafragma con la respiración.

Y ahora disponte a relajar tu mente. Cualquier pensamiento que aparezca, déjalo pasar como si fuera una hoja que se la lleva el viento. Regresa a la respiración. Siente: «Estoy aquí. Dejo que la paz me abrace. Me abro a la paz. Respiro. Me relajo. Estoy aquí».

Capítulo 3
Meditación «Percibir»

Encuentra un lugar tranquilo y acogedor. Siéntate manteniendo la espalda recta, relajada pero sin dejadez. La columna vertebral nos ancla a la tierra y a la vez nos eleva. Es importante que, si tu salud lo permite, medites en posición sentada, precisamente para respetar la verticalidad y el eje que conecta tierra-cielo.

Haz una rotación de hombros hacia atrás para abrir tus pulmones y tus bronquios. Déjalos caer hacia atrás, así la caja torácica se mantiene abierta y respiras mejor.

Respira hondo, llevando primero el aire al vientre.

Relaja los hombros y brazos. Coloca las manos relajadas sobre las piernas.

Cierra los ojos y céntrate en la respiración. Percibe el aire que entra y el que sale. Percibe el movimiento del diafragma con la respiración.

Te mantienes despierto, vivo y conectado con tu vitalidad.

Si te entra somnolencia, abre los ojos. Regresa a sentir que respiras.

La percepción te lleva al presente. En este regresar al presente no hay que luchar contra los pensamientos que te distraen.

Deja todo como está y mira cómo es. No luches contra lo que ocurre, sea en ti o fuera de ti. No discutas internamente con otros. No planifiques. Si eso ocurre, regresa a la respiración, a estar presente en ti, a percibir el movimiento interno de tu cuerpo, con el aire que entra y sale.

Contempla tus reacciones, tu impaciencia, tu intranquilidad, y sigue respirando.

No te agarres a nada.

Suéltalo todo y suéltate del todo.

Todo está bien.

Con la práctica vas entrando en un silencio en el que escuchas, te concentras y estás atento. Escuchas lo que surge en ti. Escuchas el silencio que te rodea, y captas mejor los sonidos. Percibes.

Estás presente, relajado, respirando. Percibe cómo el aire entra por la nariz y sale por la nariz.

Percibe el movimiento suave de los pulmones y del diafragma con la entrada y salida del aire. Como si el aire acariciara tu ser al entrar y salir.

Entras en ti.

Desde tu santuario interior, percibe. Con la percepción deja el mundo de pensamientos, ocurrencias, ideas, reflexiones, imaginaciones, recuerdos, comentarios, y céntrate en percibir.

Percibe que estás vivo. Percibe la existencia.

Percibe sin buscar seguridad, ni claridad ni orden.

Percibe lo que es. Percibe lo que te quita fuerza y lo que te da fuerza, y te centras en esto último. Percibe lo que te da vida.

Respira y percibe tu fuerza, lo que te da vida.

El flujo de vida fluye en ti.

Inspiro: Soy vida.

Descanso en la presencia.

Estoy aquí, presente.

Acojo el silencio.

Respiro.

Respiro hondo.

Me dispongo a sentir el cuerpo. Las manos y los pies. Inspiro.

Y cuando estés preparado, abre los ojos lentamente.

Capítulo 4
Meditación «La mente, tu amiga»

Siéntate cómodo con la espalda erguida. Disponte a entrar en un espacio meditativo.

Cierra los ojos.

Céntrate en la respiración mientras vas relajando todo tu cuerpo.

Inspira y suelta el aire.

Percibe el aire que entra y sale.

No luches contra los pensamientos que aparezcan. Es importante darte cuenta cuando aparecen. Al darte cuenta, sonríe amablemente, acepta y aprecia lo que está ocurriendo.

No entres en discusión. Deja ir los pensamientos, déjalos fluir e irse.

Despréndete de los pensamientos que van apareciendo. Déjalos pasar sin irte con ellos, como cuando un pájaro pasa volando.

Respira.

Percibe el movimiento del diafragma con el aire que entra y que sale. Siente ese movimiento suave, como una ola que acaricia el ser. Acepta lo que aparece. Son pensamientos transitorios. Vienen y se van.

Yo estoy aquí, percibiendo.

Escucho en el silencio.

Estoy presente.

Dejo que la paz me abrace.

Inspiro paz.

Me permito gozar del silencio.

...

Me preparo para regresar al mundo de la acción y la interacción.
Respiro profundamente.
Y lentamente voy abriendo los ojos.

Capítulo 5
Meditación «Entrega confiada»

Me siento relajado.

Relajo todo el cuerpo hasta que está distendido.

Las manos, relajadas sobre las piernas.

Me entrego a la práctica.

Me entrego al silencio.

No necesito controlar la mente. Dejo que lo que aparezca sea y lo dejo pasar, como una hoja que se la lleva el viento.

Respiro. Percibo el aire que entra y sale.

Voy hacia mi interior, y conecto con mi espacio sagrado interior.

Permanezco dentro, en presencia.

Si el pensamiento me distrae, regreso a percibir la respiración.

Percibo el calor interior, una luz que me inunda.

Permanezco en presencia.

Escucho el silencio.

Me entrego y me dejo abrazar por el silencio. La serenidad me acoge.

Suelto y me suelto.

Dejo ir. Inspiro y suelto el aire.

Dejo ir, suelto.

La calma me penetra.

Soy paz.

Inspiro.

Escucho el silencio.

A la próxima inspiración, coloco las manos a la altura del pecho. Una palma frente a la otra sin tocarse, a una distancia de entre diez y treinta centímetros. Los dedos relajados. Percibo el centro de las palmas de las manos.

Percibo la energía que fluye del centro de las palmas de las manos.

Percibo el espacio entre las manos, y la vibración que fluye del centro de las palmas de las manos.

Mantengo mi atención en ese punto.

Siento la respiración que me acompaña.

Sigo centrada en ese punto del centro de las palmas de las manos.

Percibo.

...

Dejo reposar las manos sobre las piernas.

Siento la sensación que me queda.

Percibo la respiración.

Cuando te sientas preparado, abre los ojos.

Capítulo 6
Meditación «Liberarse de la presión»

Me siento. Hago una rotación de hombros, inspiro profundo y relajo.

Cierro los ojos y relajo el cuerpo, los pies y las piernas, el vientre, el corazón, los hombros y las manos. Relajo el rostro.

Me doy este espacio de calma.

Dejo de luchar. Dejo de discutir internamente con otros, de juzgar y analizar todo lo que me rodea.

Vivo la paciencia con alegría.

Acepto que todo lo que está presente puede estar presente.

Cualquier presión que sientas, obsérvala, reconoce que está ahí. No eres tú.

Tu yo está vivo, lleno de vitalidad. Te centras en la profundidad que subyace a las presiones y a los pensamientos.

Percibe.

Escucha.

Estás presente. Sientes en presencia.

En el centro de tu ser nada presiona.

Es un espacio sagrado de paz.

Goza de ese espacio.

Te abraza la paz.

Respira y suelta.

La serenidad atraviesa tu ser, inunda tu ser.

Percibe: Soy paz.

...

Respiro, y lentamente me dispongo a entrar en acción.

...

Cuando me siento a punto, abro los ojos.

Capítulo 7
Meditación «El desierto»

Siéntate con la espalda erguida. Relájate. Percibe que respiras. Manos relajadas. Cierra los ojos.

Relájate. Percibe el aire que respiras: cómo entra, cómo sale, y el movimiento del diafragma con la respiración.

Dejas el cuerpo relajado.

Vamos a realizar un viaje.

Imagina un rayo que toca tu frente y te invita a seguirlo. Dejas el cuerpo relajado, sentado, respirando y aceptas la invitación a seguir al rayo. Te lleva hacia arriba, por encima del edificio y los tejados, más allá, donde sobrevuelas paisajes conocidos y paisajes desconocidos. Hasta que el rayo te lleva a un desierto. Te rodean dunas y más dunas. Una quietud total.

Un cielo azul.

Entras más y más en ese paisaje de dunas y te das cuenta de que estás contigo mismo. Presente en ese paisaje. Contigo. Estás viva, estás vivo.

La vida fluye en ti.

Si aparecen pensamientos, recuerdos, personas, situaciones, te das cuenta de que ahora estás aquí, rodeada de dunas, y esos pensamientos llegan y se van.

Regresas a ese presente donde sueltas cargas y preocupaciones y te permites asombrarte por la maravilla de la naturaleza, del espacio inmenso de dunas. De grandes horizontes, de cielos despejados.

Te absorbe el silencio profundo.

Te limpia internamente, llevándose cualquier pensamiento innecesario. Estas aquí, rodeado de un espacio inmenso donde tu mirada hacia el infinito se relaja.

La inmensidad del paisaje te penetra.

Todo tu ser se relaja plenamente. Estás contigo.

Percibes un presente que te une a una presencia inmensa que emerge de la luz del paisaje.

Gozas de la inmensidad.

Tu mente se relaja posada en el horizonte.

Sientes el silencio.

...

El rayo regresa y toca tu ser, invitándote a seguirlo. Llevas contigo la inmensidad del paisaje, de los espacios abiertos.

El rayo te lleva por paisajes desconocidos y conocidos.

Llegas a donde estás sentado.

El rayo toca tu frente. Te asientas en el entrecejo.

La inmensidad está contigo.

Inspiras espacio abierto.

Sientes la respiración.

Inspiras en profundidad.

Percibe la sensación que te queda.

Te dispones a entrar en un espacio de compartir.

Respira.

Cuando estés a punto, lentamente, abres los ojos.

Capítulo 8
Meditación «Aceptación»

Vamos a sentarnos cómodamente, con la espalda recta, los hombros ligeramente hacia atrás. Las manos relajadas sobre las piernas.

Iniciamos percibiendo el aire que entra y sale con la respiración.

Percibe cómo estás.

En el percibir reduces la actividad exterior, para ser más consciente de la actividad interior e ir dejando que se calme.

No luches contra ella. No te opongas a los pensamientos, más bien sepárate de ellos.

Te permites tener pensamientos, no sentir nada, sentirte impotente, no ser como crees que deberías ser.

Te permites estar aquí, presente.

Estar en Presencia.

Lo que es, es. Acepta.

Suelta el pensamiento de que debería ser diferente o de que no lo estás haciendo bien. Eso te quita energía.

Acepta que ahora es así.

Despréndete.

Recupera tu energía centrándote en estar aquí presente respirando.

No juzgues. No analices. Acepta.

Esa persona es como es. Ese objeto es como es. No analices.

Percibe. Estás aquí. Es lo que es.

Respira hondo.

Goza de este instante.

A la próxima inspiración, coloca las manos a la altura del pecho. Una

palma frente a la otra sin tocarse, a una distancia de entre diez y treinta centímetros. Los dedos relajados. Percibe el centro de las palmas
de las manos.

Percibe la energía que fluye del centro de las palmas de las manos.

Percibe el espacio entre las manos, y la vibración que fluye del centro
de las palmas de las manos.

Mantén tu atención en ese punto.

Siente la respiración que te acompaña.

Sigue centrada en ese punto del centro de las palmas de las manos.

Percibe.

...

Deja reposar las manos sobre las piernas.

Siente la sensación que te queda.

Percibe la respiración.

Cuando te sientas lista, abre los ojos lentamente.

Capítulo 9
Meditación «Apreciar y agradecer»

Disponte a entrar en un espacio meditativo. Siéntate con la espalda erguida. Relájate. Coloca las manos sobre las piernas. Relaja todo el cuerpo. Los pies, las piernas. Suelta las tensiones. Relaja el vientre y los órganos internos. Relaja el cuello, los hombros, los brazos y las manos. Suelta las tensiones.

Ve entrando poco a poco en un espacio de calma.

Deja que la serenidad te abrace.

Conecta con la vida que fluye en ti.

Inspira: Soy vida.

Estoy alerta, atento, plenamente despierto. Cualquier pensamiento innecesario que aparezca lo dejo pasar.

Respiro.

Siento la vida que fluye en mí con cada respiración.

Soy vida.

Me dispongo a agradecer el cuerpo que me sostiene. Agradezco la respiración que me da vida. Inspiro. Espiro.

Dejo que el agradecimiento fluya con cada respiración.

Agradezco la posibilidad de estar vivo y de vivir.

Con cada inspiración, lleno de vida mi ser. Al soltar el aire, suelto lo que me quita vitalidad. Suelto y me suelto.

Agradezco ser y estar aquí.

Agradezco tener techo bajo el cual vivir, comida con la que alimentarme, ropa con la que abrigarme.

Agradezco a las personas que me han nutrido, educado, de las que he aprendido, que me han querido y acompañado. Agradezco a mi familia.

Dejo que el agradecimiento fluya de mí hacia aquellos, que son importantes o han sido significativos en mi vida.

Agradezco haber vivido situaciones que me han hecho crecer, me han abierto la mirada, me han fortalecido.

Agradezco las buenas experiencias vividas y las no tan buenas.

Agradezco a mis padres por traerme al mundo.

Doy gracias. Me abro a sentir el agradecimiento de Dios hacia mí. A quien me da vida y me sostiene.

Desde el agradecimiento, me abro al futuro que quiere emerger desde mi núcleo vital. Lo sostengo.

Sostengo ese espacio de agradecimiento.

Me permito sentirlo, sostenerlo, en silencio.

Regreso a la respiración. Al movimiento suave del diafragma con el aire que entra y sale.

Siento mi presencia aquí. Estoy aquí. Soy aquí.

Abrazo este momento.

Me dispongo a entrar en acción e interacción.

Respiro profundamente. Poco a poco, a mi ritmo, voy abriendo los ojos, moviendo las manos, estirándome.

Capítulo 10
Meditación «Ser relacional»

Nos disponemos a meditar. Para ello nos sentamos y prestamos atención a la respiración. A estar presente aquí ahora. Percibir el movimiento del diafragma con la respiración.

Relajarme y percibir que respiro.

Reconozco que en mí hay muchas voces que vienen de múltiples conversaciones y relaciones que he tenido. Soy el resultado de varias relaciones. Mis bisabuelos, mis abuelos, mis padres. Mis maestros, profesores, mentores, tutores. Mis amigos. Mi familia. Las comunidades en las que he estado, pertenezco o he pertenecido. Agradezco todo lo que me ha llevado hasta aquí.

Mi ser es una red relacional en la que fluye vida.

Soy vida entrelazada con otras vidas.

Las diferentes voces que habitan en mí se van serenando, dejando espacio para la voz que quiere emerger ahora.

Quizá la voz del silencio.

Quizá la voz de Dios.

Quizá la pura presencia.

Permito que mi mente logre serenarse, dejando pasar los pensamientos como si fueran hojas que se las lleva el viento.

Soy presencia, acojo la Presencia.

Soy vida entrelazada con más Vida.

Regreso a la respiración.

Inspiro el aire que otros han espirado.

Inspiro el aire que la naturaleza ha impregnado.

Soy relacional.

En el espacio de silencio, agradezco todas las relaciones que me han constituido.

Inspiro. Respiro.

...

Cuando estés listo, lentamente vas abriendo los ojos.

Capítulo 11
Meditación «Santuario interior»

Ahora ya debes conocer cuál es tu mejor postura para meditar y los primeros pasos: colocarte erguido, relajarte, percibir la respiración, acallar la mente y estar presente.

Entro en el espacio meditativo.

Me hago consciente de mis miedos, mis expectativas, mis proyecciones. Las coloco en frente de mí. Me doy cuenta de que no soy eso. Me separo de ellas. Son mi creación, pero no soy eso.

Cualquier pensamiento que aparezca, lo dejo ir sin irme con él.

Accedo a mi santuario interior. Un espacio de recogimiento y quietud. Mi ser real se asienta ahí.

Es mi centro interior en el que abunda la vida y el silencio.

Un silencio vivo.

Confío en que lo que necesito vendrá a mi encuentro. Suelto y me abro a dar desde mí.

Me abro a recibir.

Me permito gozar de ser yo mismo sin perseguir nada, sin querer nada más que Ser.

Percibo lo que me da vida. Dejo que fluya en mí y a través de mí.

Regreso a la respiración. Me hago presente en mi cuerpo.

Inspiro con más profundidad.

Me dispongo a entrar en acción e interacción.

Cuando estoy listo, abro los ojos y me estiro.

Capítulo 12
Meditación «El yo-Tú»

Me dispongo a entrar en meditación contemplativa. Presto atención a la
postura, a relajarme, a percibir.

Me doy un tiempo para silenciar y acallar los ruidos internos y los pensamientos innecesarios. Los dejo pasar.

La mente se va aquietando.

Inspiro lo que me da vida.

Percibo el silencio.

Entro en presencia.

Percibo la Presencia que está en mí y más allá de mí, que todo lo abarca y todo lo abraza.

Presencia luminosa, plena, vital.

Me dejo abrazar por la Presencia. Es Amor.

Soy en ti.

Yo soy, en Ti.

Inspiro: SOY

Espiro: en Ti.

Soy en Ti. Repito estas palabras en mi interior siguiendo la inspiración
y la espiración.

Soy en Ti. Melodía que sigue el movimiento respiratorio. Mi ser vive
Soy en Ti.

Soy, en Ti.

En Ti, que me aceptas como soy. En Ti, que eres vida y me liberas. En Ti,
que me abrazas, me acoges y me amas. En Ti, que eres Amor.

Soy, en Ti.

Silencio.

Inspiro. Espiro.

Entro en presencia en el cuerpo.

Me dispongo a entrar en acción e interacción.

Cuando me siento lista para entrar en acción, abro los ojos.

Meditación «La compasión»

Me dispongo a entrar en meditación contemplativa. Presto atención a la postura, a relajarme, a percibir la respiración.

Me doy un tiempo para silenciar y acallar los ruidos internos y los pensamientos innecesarios. Los dejo pasar.

Conecto con el centro y potencial de amor. Estoy presente.

Soy amor.

Permito que el Amor fluya en mí.

El Amor me abraza, me acoge, me acepta tal como soy.

Soy amor.

Percibo la Presencia del Ser Amor.

Pongo frente a mí a alguien con quien no me siento bien. Quizá me ha dolido o engañado. Me doy cuenta de que está lejos de su núcleo vital, de su centro de amor. Actúa o actuó desde su ignorancia, desde su yo egoico, desde sus estratos oscuros.

Me permito abrazarme por todo lo que soy.

Soy vida. Soy amor.

Dejo que la Presencia del Amor, que todo lo abarca y todo lo es, fluya y alcance también a esa persona.

La Presencia hace su labor.

Suelto cualquier mal sentimiento y permito que el Amor fluya en mí. El amor me inunda. La Presencia del tú Amor, de Dios, calma mi ser. Me libera.

La Presencia sabe acerca de la otra persona.

Soy Amor en Presencia.

Me vacío de lo que no me pertenece.

Permito que la Presencia fluya en mí.

Tú, Amor, fluyes en mí.

Tú eres en mí.

Inspiro. Espiro.

Tú, Amor, fluyes en mí.

Tú eres en mí.

Entro en presencia en el cuerpo.

Me dispongo a entrar en acción e interacción.

Abro los ojos cuando me siento lista para entrar en acción.

Meditación «La confianza»

Vamos a visualizar. Siéntate cómodo con la espalda erguida. Relaja y suelta cualquier tensión.

Centra tu atención en el interior del entrecejo. Ahí donde abunda la vida.

Percibe que toda tu atención y tu energía se centra en ese punto.

Soy un punto de luz energético infinitesimal.

Una pequeña estrella que irradia vida.

Un rayo toca mi frente y me invita a seguirlo, más allá de donde estoy sentada. Dejo el cuerpo respirando, relajado.

Sigo al rayo más allá de este espacio, más allá de paisajes conocidos y desconocidos, más allá de las nubes y de la atmósfera.

Sigo flotando por el espacio, donde hay otras estrellas que flotan también.

Puedo ver el planeta desde lejos, el hermoso planeta azul y blanco.

Me rodea una luz suave, una presencia que me infunde confianza plena.

Soy vida. Floto en la ligereza de la inmensidad del espacio.

Confío. Soy vida. Irradio como una estrella.

Percibo el silencio.

Escucho el silencio.

Floto ligera.

Percibo la presencia del Ser que confía en mí plenamente.

El rayo de luz me invita a regresar. Llevo conmigo la inmensidad del espacio y la confianza plena. Sigo al rayo. Me acerca al planeta Tierra. Atravieso la atmósfera confiando en mis recursos, mi vitalidad, la Presencia que me acompaña, la inmensidad que infunde en mi vida, paz y ligereza.

Atravieso paisajes conocidos y desconocidos.

Percibo la vida que abunda en la tierra.

Percibo la Presencia que me acompaña.

La confianza me abraza, me atraviesa, me inunda.

Soy confianza.

Inspiro confianza.

Regreso al punto del entrecejo. Y desde ahí conecto con la inocencia de mi ser. La inocencia original con la que nací a este mundo. Una inocencia de puro ser que confía. Dejo que la inocencia se manifieste en mí.

Irradio vida. Confío.

Irradio a mi alrededor y a mi cuerpo. La Presencia plena inunda mi cabeza y mi ser. La ligereza me acompaña. Una sensación de flotar. De Ser y estar presente.

Percibo la respiración suave, tranquila.

Percibo.

Escucho.

Confío.

Entro en presencia en el cuerpo.

Abro los ojos cuando me siento lista para entrar en acción.

Capítulo 13
Meditación «La ofrenda»

Te dispones a meditar. A dedicar un tiempo a estar presente. A vivir plenamente en el aquí y el ahora percibiendo la Presencia. Te sientas en la postura que mejor te vaya para meditar. Relajas y sueltas tensiones.

Pregúntate: ¿A qué y a quién quiero dedicar este rato? Es una ofrenda de mi tiempo para aquietar, dejar de hacer y dejar que suceda. Para estar en presencia. Una ofrenda al Tú eterno que todo lo Es.

Desde la humildad, me entrego. En el silencio, se aquietan las aguas internas.

Respiro. Percibo. Escucho.

Me entrego al Tú, que es luz, que es amor, que es vida.

Tú eres en mí. Fluyes en mí.

Conecto con el gozo de este momento.

A la próxima inspiración, coloca las manos a la altura del pecho. Una palma frente a la otra sin tocarse, a una distancia de entre diez y treinta centímetros. Los dedos relajados. Percibe el centro de las palmas de las manos.

Percibe la energía que fluye del centro de las palmas de las manos.

Percibe el espacio entre las manos, y la vibración que fluye del centro de las palmas de las manos.

Mantén tu atención en ese punto.

Siente la respiración que te acompaña.

Sigue centrada en ese punto del centro de las palmas de las manos.

...

Percibe.

Repite internamente: Tú eres en mí. Inspiro: en mí, espiro: Tú eres.

En mí Tú eres.

En mí Tú eres.

En mí Tú eres.

Deja reposar las manos sobre las piernas.

Siente la sensación que te queda.

Percibe la respiración.

Y cuando te sientas lista, abre los ojos lentamente.

Capítulo 14
Meditación «Vaciarse»

Nos disponemos a ofrecer este tiempo a la Presencia y a vivirlo en Presencia. Nos disponemos a vaciarnos.

Nos colocamos en una postura erguida, relajamos hombros, brazos y manos. Mantenemos el pecho abierto. Relajamos y soltamos tensiones. Relajamos el rostro. Cerramos los ojos.

Percibo la respiración.

Dejo que todo mi ser se aquiete y regrese a estar presente aquí y ahora.

Permito que la calma me abrace y el espacio meditativo vaya siendo en mí.

A medida que voy entrando en mi espacio interior, me alejo de las situaciones, ruidos y relaciones. No soy mi nombre, mi pasaporte ni mis roles. Me veo cumpliendo diferentes funciones y roles, pero ahora me interiorizo. Veo los objetos, las casas y las situaciones como un escenario pasajero en el que me muevo.

Voy hacia dentro. Percibo el aire que entra y sale.

Suelto al espirar. Me vacío.

El mundo sigue, pero ahora me libero de las presiones. Por un rato dejo las preocupaciones a un lado. Lo dejo todo para entrar en un profundo silencio.

Me abro y me vacío de ruidos, movimientos y sonidos. Como si el gran viento de la Presencia entrara en mí y me limpiara de todo. Me vacío. Soy vida y luz. Vacía de ruidos, etiquetas, situaciones.

Ahora estoy aquí, presente, en pura presencia.

Me centro en estar presente.

Suelto y me suelto.

Vacío, inmensidad, cielo, espacio que penetra en mí y soy yo. Espacio de vida.

Inspiro vida.

Estoy aquí.

Capítulo 15
Meditación
«El núcleo sano y los estratos oscuros»

Me siento en una postura erguida y me dispongo a entrar en un espacio contemplativo. Me relajo. Suelto las tensiones

Me relajo y me voy abriendo internamente a percibir. Percibo la respiración. Percibo el silencio.

Me abro a la Presencia.

Dejo que los pensamientos y sentimientos que aparecen se vayan por sí solos; no me entretengo en ellos.

¿Qué siento? Conecto con mi sentir.

En actitud meditativa, veo cómo quizá aparecen la tristeza, la rabia u otras emociones, y las reconozco. No huyo de ellas. No las reprimo. Pero tampoco entro en ellas. Dejo que la tristeza esté, pues desea ser liberada.

Recuerdo que lo que es, es, y lo que está, está bien que esté.

Respiro y contemplo lo que me llega. Permito que lo que quiera aparecer aparezca. No lucho en contra. Lo dejo fluir, como cuando una hoja fluye en el río.

En silencio escucho. Me abro a sentir.

Percibo el yo que subyace a la emoción. Conecto con mi fuerza personal, con mi núcleo de consciencia activa, y puedo soltarla. No necesito vomitarla.

Abrazo la emoción que aflora.

Aprendo a explorar lo que siento sin etiquetarlo ni identificarlo como parte de una historia que me cuento.

Me doy cuenta de que puedo cambiar el rumbo de lo que está ocurrien-

do en mí. Al responsabilizarme de cómo me siento y de lo que siento, puedo permanecer abierta sin necesidad de culpar ni culpabili-
zarme, sin avergonzarme ni castigarme por lo que siento.

Lo que siento está bien que esté. No lo retengo. Dejo que, al igual que
la hoja del árbol cae y se disuelve en la tierra o el viento la lleva al
río, y fluye en él, mis sentires fluyan por el río de la vida.

Me abro a la Presencia que es y está en mí, que es y está a mi alrededor.

La Presencia del Tú eterno me sostiene.

Estoy presente en él. Estoy en el Tú eterno. Soy en Ti.

Inspiro espacio abierto.

Siento la respiración.

Conecta con tu cuerpo. Respira.

Cuando estés a punto, lentamente, abres los ojos.

Capítulo 16
Meditación «Liberarse»

La práctica de vaciarse es la de liberarse. Cuanto más vacío, más libre uno es. Siéntate en tu postura de meditación. Relaja todo tu cuerpo. Cierra los ojos.

Me dispongo a vaciarme.

Me abro al espacio contemplativo. Respiro. Percibo.

Conecto con el centro de mi ser. Siento que estoy en un refugio de luz, como en una esfera, un globo, una vibración luminosa que me rodea y protege. Desde ahí contemplo lo que es, abriéndome a lo que quiere salir y a lo que quiere entrar.

Me abro a sentir.

Si surge un enojo, respiro. Me centro en percibir. Contemplo en dirección del núcleo sano, y me permito vivir lo que emerge.

Me mantengo atenta mirando en dirección al núcleo sano para que, al atravesar las sombras, las dudas no se apoderen de mí.

Confío.

Lo que es, está bien que sea. Lo que hay, está bien que esté.

Veo. Acepto. Reconozco.

Dejo fluir y permito vaciarme de lo que no soy.

Si aparece dolor, algún pensamiento o recuerdo, mantengo contacto «visual» con Dios; es decir, me centro en mi núcleo sano, en estar presente y en percibir su Presencia.

No entro en el torbellino de cuestionar, analizar, rebatir. Si lo hago, regreso a la percepción contemplativa que me mantiene encaminada hacia el manantial interior de vida.

Percibo.

Estoy aquí.

Soy vida.

Me libero

Accedo al Ser.

Inspiro espacio abierto.

Siento la respiración.

Inspiro en profundidad.

Regresas al cuerpo. Te dispones a entrar en un espacio de compartir.

Respira.

Cuando estés a punto, lentamente, abres los ojos.

Capítulo 17
Meditación «Volver a la fuente»

Me dispongo a meditar.

Ofrendo mi tiempo a la Presencia.

Me propongo atender el presente en sí.

Percibo.

Me abro a ser y estar aquí.

Contemplo en dirección al núcleo sano y me asiento en lo que me da vida.

Él, Eso, la Presencia divina está presente en mi ser.

Repito internamente: Tú eres en mí, Tú eres en mí.

Siguiendo la respiración, inspiro: en mí; espiro: Tú eres. En mí Tú eres.

Dejo una respiración para sentirlo. Y sigo: En mí Tú eres.

En mí Tú eres, en mí Tú eres.

...

A la próxima inspiración coloca las manos a la altura del pecho. Una palma frente a la otra sin tocarse. Los dedos relajados.

Percibe el centro de las palmas de las manos.

Percibe la energía que fluye del centro de las palmas de las manos.

Percibe el espacio entre las manos, y la vibración que fluye del centro de las palmas de las manos.

Mantén tu atención en ese punto.

Siente la respiración que te acompaña.

...

Sigue centrada en ese punto del centro de las palmas de las manos.

Percibe.

Repite internamente: En mí Tú eres, en mí Tú eres.

En mí Tú eres.

...

Deja el mantra y percibe la respiración.

Deja reposar las manos sobre las piernas.

Siente la sensación que te queda.

Percibe la respiración.

Y cuando te sientas lista, abre los ojos lentamente. Te dispones a entrar en un espacio de acción e interacción.

Capítulo 18
Meditación «Perdonar y celebrar»

Disponte a entrar en un espacio meditativo.

Espalda erguida. Hombros hacia atrás. Pecho abierto. Cuerpo distendido y relajado.

Respira.

...

Contemplo hacia el centro. Conecto con el ser amor.

Invoco la Presencia que me ama.

Soy amor.

Surja lo que surja, no detengo el flujo del amor.

Coloco frente a mí a la persona o personas que sé que debo perdonar. Internamente digo: Te perdono por no ser de la forma que yo quería que fueras. Te perdono y te libero.

Perdono.

...

Acepto que seas como eres.

Me protege la Presencia del amor que fluye en mí.

Me perdono por pretender que fueras distinto de quien eres.

Me permito vivir el perdón. Sentirlo.

Perdono de corazón.

...

Percibo la respiración.

Y cuando me sienta lista, abro los ojos lentamente.

Capítulo 19
Meditación «¿Quién soy yo?»

Me relajo, respiro profundamente, abro los pulmones haciendo una rotación de hombros hacia atrás, siento las piernas y los brazos relajados. Relajo los hombros y el cuello. Suelto las tensiones. Coloco las manos relajadas sobre las piernas.

Percibo la respiración.

Me dispongo a mantener la quietud en la mente.

Dejo que flote la pregunta:

¿Quién es el yo que piensa?

¿Quién se está dando cuenta de que estoy pensando?

Respiro y escucho en silencio.

Dejo que la pregunta actúe en mí. ¿Quién es el yo que piensa? Voy a la profundidad. Respiro.

¿Quién es el yo que hay detrás de cada pensamiento?

Dejo que la pregunta actúe en mí.

Escucho en el silencio.

...

A la próxima inspiración, coloca las manos a la altura del pecho. Una palma frente a la otra sin tocarse. Los dedos relajados.

Percibe el centro de las palmas de las manos.

Percibe la energía que fluye del centro de las palmas de las manos.

Percibe el espacio entre las manos, y la vibración que fluye del centro de las palmas de las manos.

Mantén tu atención en ese punto.

Siente la respiración que te acompaña.

Sigue centrada en ese punto del centro de las palmas de las manos.

Percibe.

...

Escucha.

Deja que el yo-ser se manifieste.

...

Regreso al cuerpo dejando las manos relajadas sobre las piernas. Percibiendo la sensación que me queda.

Percibo la respiración.

Y cuando me sienta lista, abro los ojos lentamente.

Capítulo 20
Meditación «Unión y gozo»

Me relajo, respiro profundamente, abro los pulmones haciendo una rotación de hombros hacia atrás, siento las piernas y los brazos relajados. Relajo los hombros y el cuello. Suelto las tensiones. Coloco las manos relajadas sobre las piernas.

Centro mi atención en el centro del pecho, en el chakra del corazón, desde donde toda mi energía se une como una estrella que irradia belleza y paz. Todo mi ser se centra en ser una estrella radiante.

Respiro profundamente a medida que me abro, abro el plexo solar, abro el corazón.

Dejo ir los pensamientos innecesarios como si fueran mariposas que pasan volando, y mantengo mi atención en ese punto central del corazón del ser.

En esta apertura acojo la belleza de la naturaleza, de los árboles y las flores, de caminos y montañas, de mares y ríos. Toda la belleza, color y vitalidad de la naturaleza entra en mí, forma parte de mí. Soy naturaleza viva.

Soy vida.

La vida fluye en mí como un manantial. Irradio plenitud de vida.

Conecto con otros seres radiantes, conecto con sus corazones. Juntos tejemos una constelación de estrellas que irradian paz, belleza, amor. Desde el poder del amor se diluyen las sombras, se abraza el sufrimiento, se alivia, y poco a poco voy flotando en un espacio de estrellas radiantes con toda su belleza.

Siento el silencio. Se silencian las voces.

Mi ser está en presencia del gran silencio, del silencio divino en el cual me uno al gran amor de Dios, a la compasión y la paz. Mi ser flota en un espacio luminoso, etéreo.

Soy una con el todo. Todo es en mí.

Soy en Ti.

Eres en mí.

Soy luz. Soy vida. La vida fluye en mí.

Interiorizo este sentir.

Lo siento en el cuerpo.

Inspiro conscientemente.

Me dispongo a entrar en acción manteniendo la conexión con el todo.

Respiro profundo. Lentamente abro los ojos.

Meditación «He llegado a casa»

Recuerda cuál es tu disposición e intención. Ofrece tu tiempo a Dios, a vivir la Presencia.

Revisa tu postura.

Respira.

Céntrate en la percepción. Percibe.

Suelta. Despréndete. Deja ir.

Atención plena.

Contempla hacia el núcleo sano.

Acepta. Lo que es, es.

Apertura: ábrete y deja salir, deja entrar.

Coloca las manos y percibe el punto de donde fluye la vitalidad en el centro de las palmas de las manos.

Asiéntate en la fuente interior de vida.

Agradece.

Vive tu núcleo sano. El yo soy. Repite: yo soy.

Vacíate del estrato oscuro, de las sombras y corazas. Suelta, despréndete. Soy.

Vuelve a vaciarte de lo que va emergiendo. Deja de ser lo que no eres.

Atraviesa la adicción a estados emocionales y al vaivén mental.

Céntrate en: yo soy.

Percibe el centro de las palmas de las manos.

Percibe la energía que fluye del centro de las palmas de las manos.

Percibe el espacio entre las manos, y la vibración que fluye del centro de las palmas de las manos.

Acoge, acepta, padece la sombra y atraviésala.

Vacíate del yo, renuncia a identidades limitadas desde el amor, no desde el rechazo.

Elige una y otra vez: vivir desde la autenticidad de ser, desde tu núcleo sano y vital.

Acomódate y fluye a través de los vacíos, las sombras y las dificultades.

No te resistas. Recuerda: a lo que te resistes, persiste. Fluye. En esto radica la libertad.

Soy en el templo. Con-templo. Siento protección, luz.

Conecto con la eternidad. Percibo la eternidad del segundo, aquí, ahora, en presencia en el presente.

Soy Tú.

Eres en mí.

Deja reposar las manos sobre las piernas.

Siente la sensación que te queda.

Percibe la respiración.

Y cuando te sientas lista, abre los ojos lentamente.

Notas

1. Ramana Maharshi, *Sé lo que eres. Las enseñanzas de Sri Ramana Maharshi*, editado por David Godman. Publicado por Sri Ramanasramam, Tiruvannamalai, India, 4.ª edición, 2013, pág. 17.
2. Franz Jálics, *Ejercicios de contemplación*, Ed. Sígueme, Salamanca, 1998, 3.ª impresión, 2013, pág. 147. Título original: *Kontemplative Exerzitien*, 1994.
3. Nisargadatta Maharaj, *Yo soy ESO, conversaciones con Sri Nisargadatta Maharaj*, Ed. Sirio, Málaga, 2017, pág. 91.
4. Cita según Luis Alonso Schökel, en la *Biblia del Peregrino*, Ediciones Mensajero, Bilbao, 6.ª edición, 2001.
5. Nisargadatta Maharaj, *op. cit.*, pág. 547.
6. John Main, *Una palabra hecha silencio. Guía para la práctica cristiana de la meditación*. Ed. Sígueme, Salamanca, 2008, pág. 26.
7. Jálics, Franz, *op. cit.*, pág. 9.
8. Ramana Maharshi, *op. cit.*, pág. 171.
9. *Ibid*, pág. 28.
10. *Ibid*, pág. 175.
11. Citado por Kourie, Celia, «Abhishiktananda (Henri le Saux, O.S.B) 1910-1973: Pioneer of interspiritual mysticism», *HTS Teologiese Studies/Theological Studies* 74(3), a5132.
12. Nisargadatta Maharaj, *op. cit.*, pág. 22.
13. John Main, *op. cit.*, pág. 28.
14. Jäger, Willigis, *La ola es el mar*, Desclée De Brouwer, 9.ª edición, Bilbao, 2002, pág. 35.
15. Jálics, *op. cit.*, pág. 29.

16. Rainer Maria Rilke, *Cartas a un joven poeta*, Madrid, Alianza Editorial, 2014, pág. 49.
17. Jálics, *op. cit.*, pág. 67, y en conversación con él, 1 de septiembre 2019.
18. Ramana Maharshi, *op. cit.*, pág. 17.
19. Melloni, Javier. «La dimensión contemplativa del ser humano. Vías de acceso», en: *La experiencia contemplativa en la mística, la filosofía y el arte*, Editorial Kairós, Barcelona, 2016, pág. 28.
20. Main, *op. cit.*, págs. 30-31.
21. Nisargadatta Maharaj, *op. cit.*, pág. 27.
22. Jálics, *op. cit.*, pág. 63.
23. Santa Teresa de Jesús, *Castillo interior*, Editorial Monte Carmelo, Burgos, 2006.
24. Main, *op. cit.*, pág. 77.
25. Nisargadatta Maharaj, *op. cit.*, pág. 35.
26. Jálics, *op. cit.*, págs. 85-86.
27. *Ibid*, págs. 72 y 120.
28. *Ibid*, pág. 75.
29. Ramana Maharshi, *op. cit.*, pág. 82.
30. Me lo dijo Franz Jálics en un diálogo que mantuve con él (1 septiembre 2019 en Budapest).
31. Jálics, *op. cit.*, pág. 26.
32. *Ibid*, pág. 11.
33. *Ibid*, pág. 12.
34. Ramana Maharshi, *op. cit.*, págs. 13-14.
35. Otra versión de esta cita: «No pretendas que las cosas sean como las deseas; deséalas como son».
36. Nisargadatta Maharaj, *op. cit.*, pág. 25.
37. Subirana, Miriam, y David Cooperrider, prólogo del libro *Indagación apreciativa, un enfoque innovador para la transformación personal y de las organizaciones*. Editorial Kairós, Barcelona, 2013.
38. Carl Rogers. *El camino de ser*. Editorial Kairós, Barcelona, 2014, pág. 45.
39. Main, *op. cit.*, pág. 38.
40. Jálics, *op. cit.*, pág. 52.
41. Kenneth J. Gergen, *El ser relacional*, Desclée de Brouwer, Bilbao, 2015, pág. 18.

42. Jálics, *op. cit.*, pág. 52.

43. Ramana Maharshi, *op. cit.*, págs. 119, 120-121.

44. Uno de los libros que utilicé fue el de Richard Heinberg (véase bibliografía). El resultado de esa investigación la expuse en la India (Art Gallery, Mount Abu, 1997, y Spiritual Love and Wisdom Art Gallery en Agra, 2003) y se recoge en parte en los libros: *Creatividad para reinventar tu vida* y *Cómplices, de la dependencia a la plenitud.*

45. Martin Buber, *Yo y Tú*, Editorial Herder, Barcelona, 2017, pág. 84.

46. Ramana Maharshi, *op. cit.*, pág. 39.

47. Main, *op. cit.*, págs. 42-43.

48. Ramana Maharshi, *op. cit.*, pág. 13.

49. Nisargadatta Maharaj, *op. cit.*, pág. 230.

50. Main, *op. cit.*, págs. 53-54.

51. Ramana Maharshi, *op. cit.*, págs. 119, 120-121.

52. Buber, *op. cit.*, págs. 93-94.

53. *Ibid.*

54. *Ibid*, pág. 93.

55. Jálics, *op. cit.*, pág. 56.

56. Jálics, la primera frase surge de un encuentro con él en Budapest, en septiembre, 2019, la segunda está en la *op. cit.*, pág. 109 y pág. 111.

55. Melloni, Javier, *op. cit.*, pág. 23.

58. Jálics, *op. cit.*, pág. 144.

59. Ramana Maharshi, *op. cit.*, pág. 17.

60. Main, *op. cit.*, pág. 48.

61. Nisargadatta Maharaj, *op. cit.*, pág. 665.

62. Jálics, *op. cit.*, pág.151.

63. Nisargadatta Maharaj, *op. cit.*, pág. 19.

64. Ekhart Tolle, *Un mundo nuevo ahora*, Grijalbo, Barcelona, 2006.

65. Jálics, *op. cit.*, pág. 207.

66. John Main, *op. cit.*, págs. 36-37.

67. Jálics, *op. cit.*, págs. 213-214.

68. Ramana Maharshi, *op. cit.*, págs., 121, 171, 174, 175 y 181-182.

69. Jálics, *op. cit.*, pág. 236.

70. *Ibid*, pág. 239.

71. *Ibid.*

72. *Ibid*, pág. 240.

73. *Ibid*, pág. 241.

74. Nisargadatta Maharaj, *op. cit.*, pág. 51.

75. *Ibid*, pág. 30.

76. Entrevista a Franz Jálics, Budapest, 2 de septiembre de 2019.

77. Jálics, *op. cit.*, pág. 243.

78. Ramana Maharshi, *op. cit.*, pág. 171.

79. Main, *op. cit.*, pág. 24.

80. Ramana Maharshi, *op. cit.*, pág. 82.

81. *Ibid*, págs. 119, 120-121.

82. *Ibid*, pág. 28.

83. *Ibid*, pág. 27.

84. Nisargadatta Maharaj, *op. cit.*, págs. 665 y 23.

85. Main, *op. cit.*, págs. 49-50.

86. Entrevista a Franz Jálics, Budapest, 30 de agosto de 2019.

87. Textos citados al inicio de Nisargadatta Maharaj, *op. cit.*, pág. 7.

88. Nisargadatta Maharaj, *op. cit.*, pág. 42.

89. Jálics, *op. cit.*, pág. 267.

90. Entrevista a Franz Jálics, Budapest, 3 de septiembre de 2019.

91. Nisargadatta Maharaj, *op. cit.*, pág. 91.

92. *Ibid*, págs. 30-31.

93. *Ibid*, pág. 48.

94. Ramana Maharshi, *op. cit.*, pág. 35.

95. Buber, *op. cit.*, pág. 21.

96. Estas ideas surgen del libro *Interbeing* de Thich Nhat Hanh, Parallax Press, Berkeley, California, 3.ª edición, 1998.

97. Thich Nhat Hanh, *Interbeing,* pág. 23.

98. *Ibid*.

99. Otras versiones de la traducción de esta cita: «No es lo que te pasa, es cómo te lo tomas. El dolor y el sufrimiento vienen de lo que nos contamos a nosotros mismos sobre las consecuencias, sobre el futuro, sobre lo que va a pasar como resultado de lo que ha pasado». Y también: «No son las cosas las que turban a los hombres, sino la idea que se hacen de ellas». En Wikipedia esta cita de Epicteto figura así: «Los hombres no se perturban por las cosas, sino por la opinión que tienen de estas».

100. Thich Nhat Hanh, *op. cit.*, pág. 31.

101. *Ibid*, pág. 34.
102. *Ibid*, pág. 36.
103. Ramana Maharshi, *op. cit.*, pág. 209.
104. Scharmer, Otto, *Addressing the blind spot of our time. An executive summary of the new book*, by Otto Scharmer, *Theory U: Leading from the Future as It Emerges*, Society for Organizational Learning, Cambridge, Massachusetts, 2007.
105. Nisargadatta Maharaj, *op. cit.*, pág. 548.

Bibliografía

Buber, Martin. *Yo y Tú*. Editorial Herder, Barcelona, 2017. Título original: *Ich und Du*, 1974.

Gergen, Kenneth J. *El ser relacional*. Desclée de Brouwer, Bilbao, 2015.

Heinberg, Richard. *Memories and visions of Paradise. Exploring the Universal Myth of a Lost Golden Age*. The Aquarian Press, Northamptonshire, 1990.

Jäger, Willigis. *La ola es el mar*. Desclée De Brouwer, Bilbao, 9.ª edición, 2002.

Jálics, Franz. *Ejercicios de contemplación*. Editorial Sígueme, Salamanca, 1998, 3.ª impresión, 2013. Título original: *Kontemplative Exerzitien*, 1994.

Main, John. *Una palabra hecha silencio. Guía para la práctica cristiana de la meditación*. Editorial Sígueme, Salamanca, 2008.

Melloni, Javier. «La dimensión contemplativa del ser humano. Vías de acceso», en Olga Fajardo, *La experiencia contemplativa, en la mística, la filosofía y el arte*. Editorial Kairós, Barcelona, 2017.

Nhat Hanh, Thich. *Interbeing*. Parallax Press, Berkeley, California, 3.ª edición, 1998.

Nisargadatta Maharaj. *Yo soy ESO, conversaciones con Sri Nisargadatta Maharaj*, Editorial Sirio, Málaga, 2017.

Ramana Maharshi. *Sé lo que eres. Las enseñanzas de Sri Ramana Maharshi*, editado por David Godman. Publicado por Sri Ramanasramam, Tiruvannamalai, India, 4.ª edición, 2013.

Rilke, Rainer Maria. *Cartas a un joven poeta*, Alianza Editorial, Madrid, 2014.

Rogers, Carl R. *El camino de ser*. Editorial Kairós, Barcelona, 2014. Título original: *A way of being*, 1980.

Scharmer, Otto. *Theory U: Leading from the Future as It Emerges*, Society for Organizational Learning, Cambridge (Massachusetts), 2007.

Subirana, Miriam. *El poder de nuestra presencia*. Editorial Kairós, Barcelona, 2012.

Subirana, Miriam, y David Cooperrider. *Indagación apreciativa, un enfoque innovador para la transformación personal y de las organizaciones*. Editorial Kairós, Barcelona, 2013. Última edición, 2019.

Teresa de Jesús, santa. *Castillo interior*. Editorial Monte Carmelo, Burgos, 2006.

Tolle, Ekhart. *Un mundo nuevo ahora*. Grijalbo, Barcelona, 2006.

editorial **K**airós

Puede recibir información sobre
nuestros libros y colecciones inscribiéndose en:

www.editorialkairos.com
www.editorialkairos.com/newsletter.html
www.letraskairos.com

Numancia, 117-121 • 08029 Barcelona • España
tel. +34 934 949 490 • info@editorialkairos.com